EIN REISEBUCH

GOETHES WEIMAR

IRINA KAMINIARZ
HANS LUCKE
ELLERT & RICHTER
VERLAG

Impressum / Bildnachweis

CIP-Titelaufnahme der Deutschen Bibliothek

Kaminiarz, Irina:
Goethes Weimar/Irina Kaminiarz; Hans Lucke. – Hamburg: Ellert und Richter, 1991
(Ein Reisebuch)
ISBN 3-89234-232-6
NE: Lucke, Hans:

© Ellert & Richter Verlag, Hamburg 1991

Lektorat: Gabriele Schönig, Hamburg
Gestaltung: Hartmut Brückner, Bremen
Satz: KCS GmbH, Buchholz/Hamburg
Lithographie: Rüdiger & Doepner, Bremen
Karten: Peter Appelt Grafik-Design & Fotosatz, Hamburg
Gesamtherstellung: Bogtrykkeri Rosendahl, Esbjerg

Bildnachweis:
Farb-Fotos:
Roland Dressler, Weimar, S.: 8/9, 13, 16, 33, 51, 54/55, 66, 71, 79, 87, 95, 98, 109 oben,
120/121, 124/125, 138/139, 142/143, 150/151
Jürgens, Ost- u. Europa-Photo, Köln, S.: 18, 26/27, 40/41, 74/75, 82/83, 106/107, 135
Eberhard Grames / Bilderberg, Hamburg, S.: 36/37, 62/63, 90/91
Rudi Meisel / Visum, Hamburg, S.: 45
Bry / Transglobe Agency, Hamburg, S.: 30
Michael Ruetz / Focus, Hamburg, S.: Titel, 22/23
Rainer Jogschies / Bildagentur Schuster, Oberursel, S.: 146
© 1991, Copyright by Cosmopress, Genf/Anneliese Itten, Itten-Archiv, Zürich, S.: 131

S/W-Fotos:
Nationale Forschungs- und Gedenkstätten in Weimar, S.: 5, 11, 20, 21, 34, 43, 49, 61, 69,
78, 86, 92, 94, 97, 100, 108, 109 unten, 111, 119, 123, 127
Fotoatelier Louis Held, Inh. Eberhard Renno, Weimar, S.: 80/81
Staatsbibliothek Berlin, S.: 116
Bildarchiv Preußischer Kulturbesitz, Berlin, S.: 39, 47, 51, 70, 88, 115, 129

Inhalt

Goethe und Weimar

„Es kann die Spur von meinen Erdentagen nicht in Äonen untergehn" läßt Goethe den sterbenden Faust sagen, und dieser Satz kennzeichnet auch Goethes Lebenseinstellung.

Wer nach Weimar kommt, um den „großen Deutschen" an den Stätten seines Wirkens näher kennenzulernen, um hier mehr von seinem Geist und seiner Ideenwelt zu erspüren, der findet in diesem Buch Hinweise, wo und wie Goethes gestaltende Kraft heute noch in Details des Stadtbilds, an Gebäuden oder in der Parklandschaft zu erkennen ist, wenn auch oft nicht auf den ersten Blick. Ihm widerfuhr, was das Schicksal so vieler Genies ist — er blieb lange Zeit allenfalls verehrt, aber kaum verstanden in seinem Volk. Ein anderer wichtiger Denker, der in Weimar starb, Friedrich Nietzsche, bemerkte bitter: „Goethe tat den Deutschen nicht not, daher sie auch keinen Gebrauch von ihm zu machen wissen. Man sehe sich die besten unserer Staatsmänner und Künstler daraufhin an: Alle haben sie Goethe nicht zum Erzieher gehabt — nicht haben können."

Es ist kein Zufall, daß heutzutage, da Europa sich anschickt, überkommene nationalistische Kleingeisterei endgültig zu überwinden, die beiden Ur-Europäer Goethe und Nietzsche von ihren Landsleuten erst so richtig gewürdigt werden. Weimar bringt etwas ein in die Kulturlandschaft Europa, das unmittelbar genutzt werden kann, das Anregung vermittelt und dem, der mit den Werken der Klassiker vertraut ist, womöglich Anlaß zu neuen Interpretationen gibt.

Bis ins hohe Alter hielt Goethe an seinem Grundsatz fest, Denken und Handeln stets in einem ausgewogenen Verhältnis zu üben. Die Spuren dieses Handelns, das immer auf intensiver Erwägung beruhte, möchten wir zeigen. Eine wichtige Frage in diesem Zusammenhang ist: Wie stellte sich Weimar dem Sechsundzwanzigjährigen dar, als er 1775 der Einladung des achtzehnjährigen Herzogs Carl August folgte? Was veranlaßte ihn, nach diesem mehr oder weniger zufälligen Besuch dort ein Leben lang zu bleiben? Der junge, gutaussehende und erfolgreiche Mann aus der großen und reichen Stadt Frankfurt am Main konnte ohne weiteres erwarten, in Paris oder einer anderen Weltmetropole sein Glück zu machen. Dieser junge Advokat, Dichter und Publizist nannte seine Vaterstadt ein „Nest" — und kam in eine Residenz, die scharfe Zungen „ein Dorf mit einer Hofhaltung darin" nannten. Das Schloß lag in Schutt und Asche, es war zwei Jahre zuvor niedergebrannt, die herzogliche Familie wohnte im eilig umgestalteten Landschaftshaus, das nun Fürstenhaus genannt wurde. Was heute Goetheplatz heißt, war ein schmutziges Scheunenviertel, die heutige

Der junge Goethe. Gemälde von G. M. Kraus, 1775/76. Noch ist er nicht höfisch gezähmt, noch geht er „geniemäßig" gekleidet.

5

Schillerstraße ein halbversumpfter Wassergraben der ehemaligen Stadtbefestigung. Was man heute mit Wohlgefallen als Haus der Charlotte von Stein betrachtet, war ein Pferdestall mit Futtervorratskammern. Wenige Jahre zuvor hatte sich der Magistrat genötigt gesehen, eine Verordnung herauszugeben, um Dreck und Gestank auf Straßen und Plätzen wenigstens etwas zu mildern. Darin hieß es: „Der Kot in der Stadt wird durch Mistfuhren veranlaßt. Wer keine Torfahrt hat, soll den Mist außerhalb der Markttage auf die Gassen herausschaffen, nicht über die Sonn- und Feiertage auf den angewiesenen Plätzen liegen lassen."

Im Gegensatz zu dem „Nest" Frankfurt gab es in Weimar kein Großbürgertum und keinen wirtschaftlich starken Mittelstand. Und so war es im ganzen Herzogtum, dessen Gebiet − vielfach zersplittert − nur einen kleinen Teil des heutigen Thüringen ausmachte, das sich auch noch auf die Herzöge von Sachsen-Gotha, Sachsen-Meiningen und Coburg, auf kurfürstlich-sächsische Sprengel und das kurmainzische Gebiet in und um Erfurt aufteilte. Insgesamt war das arme Ländchen der Herzöge von Sachsen-Weimar nicht größer als das Gut eines englischen Landlords. Die Studenten von Jena konnten auf einem einzigen Spazierweg Ärger mit der Polizei von drei verschiedenen Landesherren bekommen.

Herzog Carl August hatte seine Regierung nicht nur mit einem abgebrannten Schloß angetreten, sondern auch mit leeren Kassen. Trotzdem wurden sein Regierungsantritt wie auch die Hochzeit mit einer Darmstädter Prinzessin prunkvoll gefeiert, was zusätzliche Schulden einbrachte. Der kleine Hof − wenig Personal, aber große Titel − empfing den Günstling des lebenshungrigen Herzogs mit Zurückhaltung. Carl Augusts Gesundheit war labil, und der junge Herr im Werther-Kostüm, den er aus Frankfurt mitgebracht hatte, schien vielen weder geeignet noch willens, das tolle Treiben des Souveräns zu zügeln − eher schien er ihn anzufeuern. Immerhin, die Herzogstafel war für den Bürgerlichen tabu, die Etikette verwies ihn an den „Katzentisch", wie die Marschallstafel genannt wurde. Ebenso verbot es sich, Herrn Goethe etwa mit der Hofkutsche abholen zu lassen. Man sorgte sich nicht ohne Grund um die zwar schmale, aber immerhin vorhandene Pfründe am Hofe; die labile Gesundheit des Herrschers, die hohen Schulden und das Ausbleiben der Geburt eines Prinzen beschworen eine lange schon drohende Gefahr aufs neue. In Gotha lauerte man − gerade wegen der familiären Bande − nur auf die Gelegenheit, sich das Territorium des lieben Nachbarn einzuverleiben, die Höflinge Carl Augusts hatten also allen Grund, um ihre Zukunft besorgt zu sein. Kammerherr von Seckendorf seufzte: „Die Intrigen, die Ungewißheit über die Zukunft, die heimlichen Eifersüchteleien geben allem etwas Gezwungenes mitten unter den Anwesenden und nehmen den Festen Saft und Leben. Es redet wohl einer dem anderen vor, man amüsiere sich, es ist unter zehn vielleicht kaum einer, der sich nicht zum Sterben langweilt."

Was also um Himmels willen bewog Herrn Goethe, dort zu bleiben? Gewiß war die Landschaft reizvoll, sicherlich gab es auch einige Menschen in diesem „Dorf mit Hofhaltung", die sein Interesse zu wecken vermochten, Christoph Martin Wieland zum Beispiel. Aber ausgerechnet ihn hatte der Frankfurter in genialisch-jugendlichem Übermut in „Götter, Helden und Wieland" verspottet. Die Veröffentlichung der Schrift erfolgte zwar ohne Zutun des Autors, aber nicht anonym. Wielands Stellung bei Hofe war durchaus gefestigt, die Herzoginmutter hatte ihn von der Erfurter Universität als Prinzenerzieher geholt. Er war nicht nur der erste Übersetzer Lukians und Ovids ins Deutsche, er war auch mit eigenen Werken bekannt geworden und besaß als Herausgeber des Journals „Der teutsche Merkur" Einfluß auf die öffentliche Meinung, soweit es seinerzeit eine solche bereits gab. Goethes Satire hatte ihn empfindlich getroffen, aber er besaß nicht nur physisch eine gute Nase. Als sie sich persönlich kennenlernten, spürte er in dem jungen Mann, der ihm übrigens recht artig gegenübertrat, sogleich das überlegene Genie und war einer der ersten, deren Neigung Goethe in Weimar gewann. Wenige Tage nach Goethes Ankunft schrieb Wieland dem Goethe zwar gewogenen, aber doch immer recht skeptischen Johann Heinrich Merck: „Gibt es ein zweites Beispiel, daß ein Dichter einen andern so begeistert geliebt hat? Für mich gibt es kein eigenes Leben mehr außer diesem wunderbaren Jungen, den ich liebe wie meinen eigenen Sohn, und als echter Vater meine Freude daran habe, daß er mir so schön übern Kopf wächst."

Später hat er diesem Empfinden mit Versen Ausdruck gegeben:

Mit einem schwarzen Augenpaar,
Zaubernden Augen voll Götterblicken,
Gleich mächtig, zu töten und zu entzücken,
So trat er unter uns, herrlich und hehr,
Ein ächter Geisterkönig, daher!
Wir fühlten's mit allen unseren Sinnen
Durch alle unsre Adern rinnen
So hat sich nie in Gottes Welt

Folgende Doppelseite: Karte des Herzogtums Sachsen-Weimar-Eisenach, um 1760. Die buntscheckige Karte zeigt, daß das Ländchen keineswegs ein geschlossenes Territorium war. Kurfürstlich-sächsische, sächsisch-gothaische, sächsisch-meiningische und hessische Herrschaft zwängte sich überall dazwischen. Erfurt war kurmainzisch.

7

Ein Menschensohn uns dargestellt.
Wie werden mit ihm Tage zu Stunden,
Die Stunden wie augenblicks verschwunden
Und wieder Augenblicke so reich
An innerm Werte Tagen gleich!

Dies sind nur einige Zeilen aus dem etwas langatmigen Gedicht, das der zweiundvierzigjährige Wieland zum Lob des Sechsundzwanzigjährigen verfaßte. Doch auch diese Zuneigung erklärt nicht den Entschluß, in dieser engen und nicht sehr sauberen Sechstausend-Seelen-Stadt zu bleiben, von der noch anno 1800 ein Reisender berichtete: „Krumme Straßen durchziehn sie nach allen Richtungen, und die Häuser, welche meistens nur zwei, selten drei Stockwerke haben, zeugen vom Alter dieses Orts. Die öffentlichen Plätze sind nicht besser als die Marktplätze mancher kleinen Landstadt." Ein anderer meinte, Weimar könne es weder an Reinlichkeit und Anlage, noch an Bauart der Häuser mit Gotha aufnehmen, sobald man sich von den Hauptstraßen entferne, gerate man in Winkel und Löcher, die dem Ort das Aussehen einer ärmlichen Landstadt verliehen. – Und doch blieb Goethe dort.
Neben der Eifersucht und der Angst um die Pfründe, die dem Neuling bei Hofe entgegenschlugen, gab es auch sehr ernsthaften und begründeten Widerstand gegen den Favoriten des Herzogs. Ein wichtiger und ebenso verdienter Mann im kleinen Staate, der Minister von Fritsch, fürchtete den Einfluß Goethes. Er besaß das volle Vertrauen der regierenden Herzoginmutter Anna Amalia, einer Nichte Friedrichs des Großen, und hatte die Staatsgeschäfte bis zur Mündigkeitserklärung Carl Augusts ziemlich selbständig geführt. Er war durch und durch der korrekte ältere Beamte, der keine Lust hatte, das mühsam um alle Klippen der Politik zwischen Wien, Dresden und Berlin herumgesteuerte Staatsschifflein doch noch stranden zu sehen wegen der Eskapaden eines jugendlichen Souveräns, der unter dem Einfluß eines hergelaufenen Literaten stand. Freiherr von Fritsch stellte den Herzog, der Goethe im Conseil haben wollte, vor die Alternative: der oder ich. Es gehörte weit mehr als Goethes Charme und Verstand dazu, den wertvollen Mann im Amte zu halten. Das vermochte schließlich nur eine Frau: Anna Amalia höchstselbst. Sie war jetzt, da sie sich von den Staatsgeschäften zurückgezogen hatte, eine gutaussehende Frau von siebenunddreißig Jahren. Wieland bezeugt, daß sie ihre Weiblichkeit auch in der Diplomatie einzusetzen verstand. Jedenfalls war es vor allem ihr

Ansicht von Weimar, um 1800. Gemälde von G. M. Kraus. Es ist eine arme Stadt mit einem nicht-begüterten Hofe.

Verdienst, daß von Fritsch auf seinem Posten blieb und mehr und mehr mit dem zuerst so beargwöhnten Goethe im Conseil zusammenarbeitete. Von seinen Charakterzügen und Grundsätzen findet sich sicher einiges in der Figur des Antonio im „Tasso".

So war wohl die zweite, nach Rang und Einfluß allerdings die allererste, Person, die auf Goethes Entschluß, in Weimar zu bleiben, entscheidenden Einfluß hatte, Anna Amalia. Sie wußte sicher auch ohne die Schwärmerei, von der Wielands Verse voll sind, den Vorteil einzuschätzen, den die Anwesenheit Goethes Weimar bringen konnte. Gewiß taten andere Persönlichkeiten das Ihre, Carl August, später Charlotte von Stein, und sicherlich war bei dem jungen Goethe auch eine gute Portion Leichtsinn im Spiel. Denn zwischen Thüringen und Rheinhessen herrschten damals Unterschiede in der Lebensweise, die wir uns heute kaum vorstellen können. Hermann Grimm schrieb: „Für Goethe war der Unterschied stärker, als wenn heute jemand nach Amerika geht, um dort zu bleiben . . . Goethe war Süddeutscher, vielmehr Südwestdeutscher: der Rhein war sein Heimatstrom, überall wo er gewesen, flossen die Wässer dem Rheine zu. Die kurze Episode in Leipzig kann kaum gerechnet werden, denn da war nicht ein einziger Faden angesponnen worden, der gehalten hätte. Das rheinische Leben ist ein rasches, bewegtes Leben auf der Straße oder doch außer dem Hause. Das Land ist reich und üppig. Jahre, in denen nicht Überfluß herrscht, werden unter die schlechten Jahre gerechnet. Reicher unabhängiger Adel, reiche Kaufleute, reiche Landleute geben den Ton an. Mitteldeutschland und Thüringen war dürftiger, man lebte im Hause und behalf sich . . . Sparsam gleichmäßig und still lebende Beamte gaben den Ton an, und die Jahre waren schon gute, die nicht geradezu schlechte waren."

Man wird bei diesen Sätzen sogleich an Goethes briefliche Klage erinnert, als er − längst in Weimar etabliert − sich zwischen Staatsdienst und Dichtkunst eingeklemmt sah: Der König von Tauris („Iphigenie") solle reden, als ob kein Strumpfwirker in Apolda hungerte.

Grimm weiter: „Goethe war in Frankfurt der Sohn eines der ersten Häuser . . . Der junge Goethe war etwas wie ein Prinz unter den anderen jungen Leuten . . . Mit seiner eigenen, vorwärts strebenden Unruhe stand er in lauter festen, wohlgefügten bekannten und geläufigen Verhältnissen. Jetzt war er in eine unsichere Lage versetzt, die er sich aus eigener Energie erst schaffen und befestigen mußte."

Diese „vorwärts strebende Unruhe" mag der entscheidende Moment gewesen sein, die Herausforderung zu begreifen und anzunehmen. In

einem Brief an Johanna Fahlmer heißt es: „Ich werd wohl auch dableiben und meine Rolle so gut spielen, als ich kann, und so lang, als mir's und dem Schicksal beliebt. Wär's auch nur auf ein paar Jahre, ist doch immer besser als das untätige Leben zu Hause, wo ich mit der größten Lust nichts tun kann." An Merck richtete er die bezeichnenden Worte: „... die Herzogtümer Weimar und Eisenach immer ein Schauplatz, um zu versuchen, wie einem die Weltrolle zu Gesicht stünde." Der Mutter versicherte er, in Frankfurt wäre er zugrunde gegangen. Und später die berühmte Tagebucheintragung, die aus dem einzigen Wort besteht: „Regieren!"

Wenn auch nach einem Dezennium die Einsicht folgte, wer sich mit der Administration abgebe, ohne selbst regierender Herr zu sein, der müsse ein Narr oder ein Schelm oder Schlimmeres sein, wenn auch die Flucht nach Italien (anders ist die heimliche Abreise kaum zu nennen) das unausgesprochene Eingeständnis einschloß, in der „Weltrolle" gescheitert zu sein, er kehrte nach Weimar zurück, um endlich auch einen eigenen Hausstand zu begründen. Was freilich durch die „wilde Ehe" mit Christiane Vulpius wieder für Aufregung in der Residenz sorgte.

Das Scheitern in der Politik, die dann folgende Beschränkung auf Kunst und Wissenschaft bezeugen indes keine absolute Wandlung. Er hatte sich „gehäutet", wie er selber sagte. Der Mann, der Tun und Denken wohlabgewogen zu verbinden wußte, war er geblieben. Er hatte, wie zehn Jahre zuvor schon gegenüber Merck vorausgesehen, das „durchaus Scheißige dieser zeitlichen Herrlichkeit" gründlich erfahren, hatte alle Illusionen begraben und blieb dennoch der aus überlegenem Denken Tätige, ohne den Weimar nicht Weimar wäre.

Er hat häufig Positionen bezogen, die von Zeitgenossen mit Kopfschütteln quittiert wurden. Sein Weitblick hinderte ihn, in den selbst am herzoglichen Hof anklingenden Jubel über die Erstürmung der Bastille einzustimmen (man gönnte den borniert regierenden Bourbonen die Lektion!) wie auch das von Franzosenhaß getrübte patriotische Geschrei von 1813 gutzuheißen; er konnte sich kaum für die heraufziehende Industrialisierung begeistern und mochte nicht Partei nehmen für die Verfechter liberaler Forderungen, er blieb Monarchist. Freilich lehnte er es ab, nach den berüchtigten Karlsbader Beschlüssen von 1819 den Chef-Überwacher der Jenaer Universität zu spielen und so den blindwütigen Demagogenschnüfflern zur Hand zu gehen. Doch Pressefreiheit wollte er nur begrenzt dulden, weil sie sonst allzurasch zur „Pressefrechheit" geriete.

Zieht man in Betracht, daß er Sächsisch-Weimarischer Kultusminister,

Hoftheaterintendant, Chef der Herzoglichen Bibliothek und anderes mehr bis ins hohe Alter blieb, sich dabei fortwährend mit naturwissenschaftlichen Studien befaßte und außer dem dichterischen Hauptwerk noch allerlei Gelegenheitspoesie zustandebrachte, steht man mit Bewunderung vor so einer Lebensleistung, zu der auch das vielfältige direkte Einwirken auf seine Umwelt, auf bauliche Gestaltung, Erziehungswesen und sogar ökonomische Maßnahmen, vom Berg- und Straßenbau bis zur Konstruktion einer mobilen Feldküche, der Vorläuferin der „Gulaschkanone", zählt. Man fragt sich, wie Goethe aus einem einzigen Tag so viele schöpferische Stunden herauszuholen vermochte. Seinem Altersfreund Karl Friedrich Zelter schrieb er: „Vom Ziel haben viele Menschen einen Begriff, nur möchten sie es gern schlendernd auf irrgänglichen Pfaden erreichen." In „Wilhelm Meisters Wanderjahren" bringt er es auf den Punkt: „Denken und Tun, Tun und Denken, das ist die Summe aller Weisheit, von jeher anerkannt, von jeher geübt, nicht eingesehen von einem jedem. Beides muß wie Aus- und Einatmen sich im Leben ewig fort hin und wider bewegen; wie Frage und Antwort sollte eins ohne das andre nicht stattfinden." Nach Weimars „Goldenem Zeitalter", der Klassik, zog es immer wieder schöpferische Menschen in diese Stadt. In den entsprechenden Kapiteln findet man Hinweise auf die Weimarer Malerschule, die mit der klassizistischen und romantischen Tradition brach und den französischen Impressionisten nahekam; Franz Liszt machte in der Mitte des 19. Jahrhunderts Weimar zum Zentrum der musikalischen Avantgarde, der „Allgemeine Deutsche Musikverein" wurde hier gegründet, der bis ins 20. Jahrhundert ein gewichtiger Träger der Moderne wurde. Zudem lag in den Begriffen „allgemein" und „deutsch" damals (1861) ein Programm. Aus der langen Reihe glanzvoller Namen seien hier nur noch Richard Strauss, Harry Graf Kessler, Henry van de Velde, Walter Gropius und die Bauhaus-Schule genannt. Als das zitierte Nietzsche-Wort (aus „Menschliches-Allzumenschliches") noch voll zutraf, hatte sich eine kleine Schicht doch schon zu eigen gemacht, was der eingangs zitierte Vers aus dem End-Monolog Fausts ausdrückt. Wir lassen ihm noch die Verse folgen:

Ja! Diesem Sinne bin ich ganz ergeben,
Das ist der Weisheit letzter Schluß:
Nur der verdient sich Freiheit wie das Leben,
Der täglich sie erobern muß.

Spaziergang I: Zu den Stätten der Klassiker

Platz der Demokratie — Seifengasse — Frauenplan — Brauhausgasse — Schillerstraße — Theaterplatz — Wielandstraße — Goetheplatz — Geleitstraße — Scherfgasse — Kleine Teichgasse — Windischenstraße — Markt

Der *Platz der Demokratie* hieß vor 1945 Fürstenplatz, den heutigen Namen trägt er zu Recht erst seit dem Herbst 1989. Hier sammelten sich jeden Dienstag die Bürgerrechtler zur Demonstration.

Die Längsseite des Platzes wird von der Barockfassade des Fürstenhauses beherrscht. Wenn man sich den Säulenvorbau wegdenkt, so hat man das Bild des „Landschaftsgebäudes", in dem die fürstliche Familie wohnte, als Goethe 1775 zu Besuch in Weimar eintraf. Das Schloß war ein Jahr zuvor abgebrannt. Der betriebsame ehemalige Hofjäger und Postmeister Hauptmann wirkte auch als Baumeister und unternahm den eiligen Umbau des Landschaftsgebäudes. In der ersten Etage hatte sich die junge Herzogin Luise eingerichtet, in der zweiten Herzog Carl August, im Erdgeschoß befanden sich Wirtschaftsräume und Bedientenkammern. Dort logierte gelegentlich auch Goethe. Der Säulenvorbau wurde erst 1889 hinzugefügt. Rechtwinklig schließt ein klassizistischer Bau an, dem man seine ursprüngliche Bestimmung, Fürstliche Kutschenremise, noch ohne weiteres ansieht. In dem Gebäudekomplex ist heute die Hochschule für Musik Franz Liszt untergebracht.

Die andere Schmalseite des Platzes nimmt das ehemalige „Grüne Schloß" ein; 1563 errichtet, später mit einer Barockfassade versehen, innen im Stil des Rokoko umgestaltet. Die Herzoginmutter ließ die reiche Bibliothek schon 1766 dort unterbringen; zum Glück, denn die wertvollen Bestände wären sonst auch dem Schloßbrand zum Opfer gefallen. Der klobige Turm, der dazuzugehören scheint, war einst Teil der Stadtbefestigung. Goethe regte an, beide Bauwerke miteinander zu verbinden, und Heinrich Gentz (1766—1811) führte den Plan aus. Heute beherbergt der Bau die Bibliothek der Deutschen Klassik, die von Interessenten aus aller Welt genutzt wird. Die fürstlichen Sammlungen, der Grundstock der Bibliothek, wurden bereits 1691 gegründet.

Sofern der Platz nicht von Marktbuden oder ähnlichem verstellt ist, dominiert ein Reiterstandbild, 1875 von Adolf Donndorf geschaffen, einem Schüler Ernst Rietschels. Es stellt Herzog Carl August dar, dem Weimar so viel verdankt, denn er war es, der Goethe hierher holte und an die Stadt zu binden wußte. Auf dem Pferd sitzt er in der Pose des sieghaften Impera-

Gegenüberliegende Seite: Johann Wolfgang von Goethe, Gemälde von G. Dawe, 1819. In diesem Jahr wurde Goethe 70, der „West-östliche Diwan" erschien, darin die Verse: „Und solang du dies nicht hast,/Dieses: Stirb und werde!/Bist du nur ein trüber Gast/ Auf der dunklen Erde."

17

tors – und genau das hat er nicht verdient, im Doppelsinn. Der Bildhauer hatte dabei gewiß einen bestimmten Auftrag zu erfüllen (Versailles 1871 war schließlich noch nicht so lange her!), er verstand es dennoch, das wahre Wesen dieses Mannes auszudrücken. Sieht man genauer hin, erkennt man sehr wohl, daß der Reiter nicht eben gut zu Pferde sitzt und die zum „römischen Gruß" erhobene Rechte nicht seinem Wesen entspricht. Der Gesichtsausdruck widerspricht der Pose, da ist so gar nichts Herrisches, da blickt ein gutbürgerlicher Landesvater. Carl August hätte die Feldherrnrolle gern gespielt, das ist wahr. Er trat als Generalmajor mangels einer eigenen Armee in preußische Dienste, aber kriegerischen Lorbeer errang er nie.

Goethe, der übrigens kein einziges Kriegslied verfaßte, geriet ob der unglücklichen Neigung seines Herrn und Freundes oft zu ihm in Widerspruch, und die Meinungsverschiedenheiten wurden nicht immer nur freundschaftlich ausgetragen. Dessenungeachtet erblicken wir Carl August als heimkehrenden Sieger aus den Feldzügen 1813/14, in denen er zwar keine Heldentaten vollbrachte, in deren Folge er aber, beim Wiener Kongreß, zum Großherzog avancierte.

Zwischen Bibliothek und Fürstenhaus gelangt man mit wenigen Schritten zum Haus der Frau von Stein, dessen Rückfront man zuerst erblickt. Die Eingangsfassade des schönen Minipalasts betrachtend, sieht man davor große rechteckige Steine, etwa einen halben Meter hoch. Sie deuten auf den ursprünglichen Zweck dieses Baus hin. Er war ein Pferdestall und Futtermagazin; die Steine dienten den Husaren des Herzogs zum bequemeren Aufsitzen, wenn sie ihre Pferde dort gesattelt hatten. An der Planung und Gestaltung des Wohnhauses nahm Goethe regen Anteil, sowohl bei den Fassaden als auch bei der Anlage der Wohnräume. 1777 konnte die Dame, die mit dem herzoglichen Oberstallmeister vermählt war und den Hauptwohnsitz auf Schloß Großkochberg hatte, die neue Stadtwohnung beziehen. Die Straße, an der der Eingang des Hauses liegt, heißt die Ackerwand. Geht man wieder zur Rückfront des Gebäudes, gelangt man zur *Seifengasse,* die zum Frauenplan führt. Es lohnt, kurz vor der Nr. 16 zu verweilen, in der Goethe, als er bereits sein Gartenhaus im Park besaß, von 1779 bis 1781 Winterquartier bezog und so zwar recht bescheiden wohnte, aber immerhin „Wand an Wand" mit der geliebten Charlotte schlafen konnte.

In der Gasse finden sich etliche alte Bürgerhäuser. In dem Haus mit dem Türmchen hatte die Kriegskommission ihren Sitz. Goethe trat in diese

Gegenüberliegende Seite: Der Rokokosaal in der Zentralbibliothek der Deutschen Klassik. Die regierende Herzogin-Witwe Anna Amalia ließ 1766 das Grüne Schloß zur Bibliothek umbauen. Dadurch entgingen die wertvollen alten Bestände beim Schloßbrand 1774 der Vernichtung. Goethe sorgte später für die bauliche Verbindung zum alten Festungsturm.

19

Das Haus der Frau
von Stein, ehemals
Stall der herzog-
lichen Husaren.
Zeichnung vermutlich
von Goethe.

Kommission ein, um sogleich Abrüstungsmaßnahmen zu ergreifen. Die ohnehin nicht allzu große Mannschaft wurde drastisch auf einen Wachdienst reduziert. Die eingesparten Gelder ermöglichten Herzoginmutter Anna Amalia die dringend fällige Badereise.

Am Ende der Gasse erreicht man den *Frauenplan,* den Platz, dem Weimars bekanntestes Bauwerk weltweiten Klang verschafft hat, das Goethe-Wohnhaus. Bevor man zur eigentlichen Haustür kommt, passiert man den Eingang zum Goethe-National-Museum, durch das man auch Zutritt zum Wohnhaus findet.

Aus dem Feldzug gegen das revolutionäre Frankreich, der nach der Kanonade von Valmy mit dem kläglichen Rückzug der Preußen und Österreicher endete, kehrte Goethe 1792 heim in das nach seinen Wünschen und Entwürfen umgebaute Haus, in dem Christiane Vulpius − seine Christiane − als fürsorgliche Frau waltete.

Daß er seine Geliebte − samt dem gemeinsamen Sohn August − wie eine Gemahlin ins Haus genommen hatte, verübelte ihm die Weimarer Gesellschaft. Man zerriß sich das Maul darüber und hechelte hinter seinem Rücken, die junge Frau bekam allerlei Schikanen und Malicen zu spüren. Dennoch dichtete er:

Hier sind wir denn vorerst ganz still zu Haus,
Von Tür zu Türe sieht es lieblich aus;
Der Künstler froh die stillen Blicke hegt,
Wo Leben sich zum Leben freundlich regt.
Und wie wir auch durch ferne Lande ziehn,
Da kommt es her, da kehrt es wieder hin;
Wir wenden uns, wie auch die Welt entzücke,
Der Enge zu, die uns allein beglücke.

Derart schließt er seinen Bericht über die „Kampagne in Frankreich".
Beim Besuch des Wohnhauses sollte man auch unbedingt einen Blick in den Garten werfen. Dort wurden Kräuter für die eigene Küche gezogen, Salat, selbst Artischocken. In dem kleinen Pavillon hatte Goethe seine Steinsammlung untergebracht. Über die zur Ackerwand abschließende Mauer blitzten 1806 die Bajonette der durchmarschierenden Franzosen. Christiane hatte ihren Mann mutig gegen betrunkene Plünderer aus den Reihen der Truppen Napoleons gerettet. Wenige Tage darauf ließ er sich in der Sakristei der Hofkirche mit ihr trauen.

Folgende Doppelseite: Goethewohnhaus am Frauenplan. Die kleineren Häuser rechts konnte Goethe erst kurz vor seinem Tod erwerben. Im kleinsten lebte der Meister, der ihm mit dem geräuschvollen Webstuhl oft die Schaffenslaune verdarb. Links vom Wohnhaus steht der Museumsbau.

Goethes Entwurf zum Treppenaufgang im Haus am Frauenplan, 1792. Baumeister und Handwerker waren präzise angewiesen, als der Hausherr seinem Herzog ins Feld folgen mußte.

21

Das Haus ließ 1709 der Großkaufmann Helmershausen errichten, 1782 bezog Goethe einen Teil davon als Mieter. Es mag ihm nicht sonderlich gefallen haben, das Haus mit fremden Menschen, den Nachkommen des Erbauers, teilen zu müssen, besonders nachdem er im Sommer 1788 nach der Rückkehr aus Italien Christiane Vulpius kennengelernt hatte. Doch andererseits gefiel ihm das bürgerliche Barockhaus sehr, zumal es dem erklärten Zweck durchaus dienlich schien, es nicht „zum Wohlleben, sondern zu möglicher Verbreitung von Kunst und Wissenschaft" einzurichten und zu nutzen. So ließ Carl August es von der Schatullverwaltung kaufen, um es zunächst dem Minister als Dienstwohnung zuzuweisen; 1794 schenkte er es ihm. Da mußten dann die Mitbewohner weichen, Umbau und Einrichtung erfolgten nach Goethes Plänen. Im Juni 1792 zog er aus dem Jägerhaus in der Marienstraße aus, während die Handwerker noch am Frauenplan arbeiteten, mußte aber bald mit dem Herzog ins Feld ziehen. Der Maler Heinrich Meyer, der eine Zeitlang mit im Hause wohnte, leitete die Handwerker an und sorgte für den Schutz der „kleinen, aber nicht heiligen Familie". Es darf übrigens durchaus vermutet werden, daß der Herzog seinen Freund und Minister vor allem zum Feldzug beorderte, damit die Liebe zu der absolut nicht standesgemäßen Person abkühlte. Das Ziel der Unternehmung in preußischen Diensten war doch Paris! Dort hatte Carl August schon auf seiner „Verlobungsreise" erotische Erfahrungen gesammelt, allerdings nicht bei seiner Verlobten, sondern einer schönen Französin, die dann auch eine hübsche Pension aus der herzoglichen Schatulle bezog.

Im Mai 1793 mußte Goethe schon wieder abreisen, diesmal zur Belagerung von Mainz. Dieses Unternehmen war wenigstens erfolgreich, trug allerdings auch nicht dazu bei, ihn von seiner Liebe zu „kurieren", diesmal war er schneller wieder daheim. Nun fand er endlich Gelegenheit, sich der Ausgestaltung seines Domizils zu widmen, selbstverständlich die sonstigen Tätigkeiten weiterführend: Dichten, Forschen, Sammeln, Amtsführung, Theaterleitung, Korrespondenz, Studium, Zeichnen und anregende Gespräche führen. Das Haus wurde zu einem Zentrum des geistigen Lebens in Weimar und, weil aus allen Himmelsrichtungen Besuch kam, weit darüber hinaus. Freilich kamen viele nur, um das Haus zu sehen, vielleicht einen glücklichen Augenblick zu erhaschen und Goethe ausgehen zu sehen. Er mag sich mitunter über Gaffer auf dem Frauenplan mokiert haben, der Vierzeiler enthält einen galligen Unterton:

Warum stehen sie davor?
Ist nicht Türe da und Tor?
Kämen sie getrost herein,
Würden wohl empfangen sein.

Folgende
Doppelseite:
Das Junozimmer im
Goethehaus. Die
Kolossalbüste der
„Juno Ludovisi" ist
ein Abguß nach dem
Marmororiginal aus
dem 1. Jahrhundert.
Es wird als Porträt
einer römischen Kai-
sertochter gedeutet.
Hier fand es 1823
seinen Platz.

Es gibt Beispiele, daß beileibe nicht jeder „wohl empfangen" wurde. Er konnte sich hinter Steifheit und Einsilbigkeit verschanzen, wenn ihm ein Besucher, eine Situation oder auch nur eine Bemerkung nicht paßte. Gottfried August Bürger wurde so empfangen. Das Epigramm, das auf dem Rückweg in sein Logis entstand, zeugt davon:

Mich drängt es, in ein Haus zu gehn,
Drin wohnt ein Künstler und Minister.
Den edeln Künstler wollt ich sehn
Und nicht das Alltagsstück Minister.
Doch steif und kalt blieb der Minister
Vor meinem trauten Künstler stehn,
Und vor dem hölzernen Minister
Kriegt ich den Künstler nicht zu sehn:
Hol ihn der Kuckuck und sein Küster!

Mehr Glück hatte der junge Heinrich Heine, der recht freundlich aufgenommen und beim „Jupiter" – mit echt Heinescher Ironie – den Adler an der Seite vermißte, welcher die Blitze im Schnabel hält. „Ich war nahe dran, ihn griechisch anzureden; da ich aber merkte, daß er Deutsch verstand, so erzählte ich ihm auf Deutsch, daß die Pflaumen auf dem Wege zwischen Jena und Weimar sehr gut schmeckten."
Wer das Junozimmer betritt, ist von der Plastik und sonstigem Bildwerk wahrscheinlich so beeindruckt, daß er dem Flügel wenig Aufmerksamkeit schenkt. Und doch verdient das Instrument gerade Beachtung. Goethes Verhältnis zur Musik wird allgemein seltsam gering beachtet. So ist wenig bekannt, wie intensiv Goethe sich mit Musik befaßte und Weiterentwicklungen auf diesem Gebiet auch noch im Alter aufmerksam und verständnisvoll verfolgte. Er ließ sich vom Streichquartett der Hofkapelle Werke der jungen Komponisten vorspielen, der „Neuen Techniker"! Eher weiß man von seinen engen Beziehungen zum Hofkapellmeister Johann Nepomuk Hummel, einem Pianisten von hohen Graden. Höchstes Lob aus Goethes Mund, der ja auch Napoleon hochschätzte: „Hummel behandelt seinen Flügel wie Napoleon die Welt."

25

Die polnische Pianistin Marie Szymanowska gab bei ihm Hauskonzerte, und Clara Wieck, die spätere Frau des Komponisten Robert Schumann, spielte auf diesem Flügel. Der junge Felix Mendelssohn-Bartholdy, der von Zelter in dieses Haus gebracht wurde, erinnerte sich: „Vormittags muß ich ihm ein Stündchen Klavier vorspielen und von allen verschiedenen großen Komponisten nach der Zeitfolge und muß ihm erzählen, wie sie die Sache weitergebracht hätten, und dazu sitzt er in einer dunklen Ecke wie ein Jupiter tonans und blitzt mit den alten Augen. An den Beethoven wollte er gar nicht heran; ich sagte ihm aber, ich könne ihm nicht helfen, und spielte ihm nun das erste Stück der C-moll-Synfonie vor. Das berührte ihn gar seltsam. Er sagte erst: Das bewegt aber gar nichts, das macht nur Staunen; das ist grandios! Und dann brummte er so weiter und fing nach langer Zeit wieder an: Das ist sehr groß, ganz toll! Man möchte sich fürchten, das Haus fiele ein. Und wenn das nun alle die Menschen zusammen spielen.“ Dem Badeinspektor Schütz in Berka, der zugleich Organist war, schenkte Goethe Werke des halb in Vergessenheit geratenen Johann Sebastian Bach. Der dankbare Schütz spielte ihm häufig daraus vor, sowohl in Berka als auch im Goethehaus.

Geht man an der Hausfront entlang Richtung Wielandplatz, gelangt man zum Torhaus, das als Sitz des Einnehmers der Chaussee- und Stadtpflastergelder diente. Es konnte dort gebaut werden, weil Goethe ein Eckchen Grund und Boden zur Verfügung stellte. Clemens Wenzel Coudray setzte mit dem kleinen klassizistischen Bau einen architektonischen Abschluß des Frauenplans. Zwischen dem Torhaus und dem eigentlichen Wohnhaus stehen zwei kleine Häuser, die nicht zum Goetheschen Anwesen gehörten und ihm zum Ärgernis wurden. Böttiger vermerkte 1799 in seinem Tagebuch: „Neben seinem Haus wohnt ein Leinweber. Das Pochen und Anschlagen an den Weberstuhl . . . ist ihm so verhaßt, daß er alles angewandt hat, um diesen pochenden Kobold zu bannen oder ihm zu entfliehen.“ Goethe floh in sein Gartenhaus beziehungsweise nach Jena. Gegen den „pochenden Kobold“ blieb der Geheime Rat machtlos. Erst seinen Enkeln gelang es, die Nr. 3 am Frauenplan zu erwerben. Haus Nr. 4 wurde unmittelbar nach seinem Tod Wohnung der Witwe seines Schwagers Vulpius, mit ihren Söhnen Rinaldo und Felix. Rinaldo − nach Vater Vulpius' Romanhelden „Rinaldo Rinaldini“ − besorgte in Goethes letzten Lebensjahren dessen Buchhaltung.

Der Gebäudekomplex blieb zunächst im Besitz der Familie Goethe. Der letzte Enkel, Walther Wolfgang von Goethe, vermachte in seinem Testament das Haus mit allen seinen Schätzen dem weimarischen Staat. Nun konnten 1885 das Goethe-National-Museum gegründet und die Räume der Öffentlichkeit zugänglich gemacht werden. Anbauten, in denen Leben und Werk des Dichters dokumentiert sind, wurden 1915 und 1935 errichtet, um Wohnhaus und Museumsbereich voneinander zu scheiden. Gegen Ende des Zweiten Weltkriegs wurde das Wohnhaus durch Bomben schwer beschädigt, 1949, zur Feier des 200. Geburtstags von Johann Wolfgang von Goethe, konnte es restauriert der Öffentlichkeit zugänglich gemacht werden.

Der Gasthof Zum Weißen Schwan ist das älteste Haus am Frauenplan. Der Legende nach soll eine geflohene Nonne dort zeitweilig Zuflucht gefunden und zum Dank ein Medaillon mit einem weißen Schwan hinterlassen haben. Goethe lobte Küche und Keller des Hauses und brachte dort häufig seine Gäste unter. Sein Altersfreund Zelter wohnte meistens dort, wenn er von Berlin nach Weimar kam. Goethe lud ihn ein: „Der Weiße Schwan begrüßt Dich jederzeit mit offenen Flügeln." An der Giebelwand bemerkt man die eingemauerte Kanonenkugel von 1806. Die nach der Niederlage von Jena und Auerstedt fliehenden Preußen wurden von französischer Artillerie von der Höhe des Webicht her beschossen. Offenbar war man bemüht, die Stadt dabei zu schonen, und feuerte darüber hinweg, um die gegen Erfurt Fliehenden zu treffen. Dabei schlugen etliche Geschosse in die Dächer. Prominente Gäste des Hauses waren Friedrich Schiller, Johann Peter Eckermann, Christian Daniel Rauch, Franz Liszt und Peter Cornelius, auch Arnold Böcklin und Franz von Lenbach, die zeitweilig an der Weimarer Kunstschule lehrten.

Zum Markt hin erstreckt sich die Frauentorstraße. Am Haus Nr. 21, unmittelbar neben „dem Schwan", weist eine Tafel darauf hin, daß Schiller 1787 hier wohnte, als er das erste Mal nach Weimar kam. Goethe konnte er nicht kennenlernen, aber er schrieb fröhlich an Körner: „Ich habe am 28. August Goethens Geburtstag mit begehen helfen, den Herr von Knebel in seinem Garten feierte, wo er in Goethes Abwesenheit wohnt . . . Wir fraßen herzhaft, und Goethens Gesundheit wurde von mir in Rheinwein getrunken. Schwerlich vermutete er in Italien, daß ich mich unter seinen Hausgästen habe . . ."

In dieser Wohnung schrieb Schiller „Die Geschichte des Abfalls der Niederlande" und den Kriminalroman „Der Geisterseher", bei dem der hochstapelnde Betrüger Cagliostro leibhaftiges Vorbild war. Goethe besuchte in Sizilien dessen Angehörige. Die großen Gedichte „Die Götter Griechenlands" sowie „Die Künstler" schrieb Schiller hier, die Verse:

Der Menschheit Würde ist in Eure Hand gegeben;
Bewahret sie! Sie sinkt mit Euch, mit Euch wird sie sich heben.

Nach Goethes Rückkehr aus Italien vergingen noch mehrere Jahre, bis die beiden Großen der Klassik miteinander sprachen und einander verstanden. Den Platz vorm Goethehaus ziert ein gußeiserner Brunnen, gewöhnlich Goethebrunnen genannt, obgleich die Jahreszahl 1822 und die Initiale C. A. besagen, daß er eigentlich nach Carl August heißt. (An dieser Stelle befand sich vordem der älteste Brunnen Weimars, der nur aus Holztrögen bestand.) Oberlandesbaudirektor Coudray entwarf den Brunnen, hatte aber viel Mühe, um den Guß in Ilmenau herstellen zu lassen. Goethe erfreute sich nicht nur des künstlerischen Werks, er sah vom Fenster auf das geschäftige Treiben da unten: „Auf einem freien Platze meinem Hause gegenüber steht ein großes anständiges Wasserbecken, welches von einer starken fließenden Röhre hinreichend genährt wird. Dahin kommen, besonders morgens und abends, Frauen, Töchter, Mägde, Gesellen, Kinder, das notwendige Ingredienz ihres Daseins abzuholen. Aus dem Becken wird geschöpft, in Butten gegossen, zum Reinigungsgebrauche auf dem Rücken fortgetragen. Zum Trinken werden Krüge unter die Röhre gestellt, zu Koch- und feinerem Bedürfnis Eimer untergeschoben. Salat an Ort und Stelle zu waschen, ist jetzt streng polizeilich verboten." (Aus einem Brief 1831)

Man sieht die Brunnenszene im „Faust" vor sich, in der Gretchen und Lieschen sich begegnen. Da wird die öffentliche Wasser- und Nachrichtenaustauschstelle zum Ort höchster Dramatik, das naiv-geschwätzige Lieschen steht in unschuldiger Grausamkeit gegen Gretchen, die wegen ihrer unehelichen Schwangerschaft seelische Qualen aussteht. Der junge Goethe nahm diese Szene schon in den „Urfaust", den er in Frankfurt schrieb, auf. Der Alte, der da auf Frauen und Mägde herabsah, dachte wohl auch an seine Jugend.

Der Frauenplan präsentiert sich heute anders als zu Goethes Zeit, allein durch die größere Freifläche, die allerdings hauptsächlich den Bombenschäden geschuldet ist. Der Name des Platzes (Plan heißt Platz) rührt von dem Kloster Unsrer Lieben Frau her, das außerhalb der Stadt bestand. Zuletzt erinnerte noch eine Kapelle dieses Namens daran. Das zum Markt hin stehende Stadttor war das Frauentor und der genannte Brunnen der Vor dem Frauentore. Die Bebauung begann hier erst im 18. Jahrhundert. Vis-à-vis der ehemals Schillerschen Wohnung geht die *Brauhausgasse* ab,

Gegenüberliegende Seite: Goethes Hausgarten. Bis zuletzt kümmerte sich Goethe um alles, was hier gepflanzt und gehegt werden sollte. Im Arbeitszimmer hängt jetzt noch der Plan für Gartenarbeiten vom März 1832.

31

Gegenüber-
liegende Seite:
Das Schillerhaus in
der Schillerstraße.
Links im Vorder-
grund der Gänse-
männchenbrunnen.
Vor dieser Haustür
sahen sich Schiller
und Goethe zum
letzten Mal. Rechts
oben im Mansard-
geschoß liegt das
Arbeitszimmer.

in der wir linker Hand ein (leider recht baufälliges) Haus erblicken, es war die Wohnung Eckermanns. Früher informierte eine Tafel: Hier wohnte Goethes Freund Eckermann. Es sei dahingestellt, ob man sie wegen des baulichen Zustands entfernte oder weil man begriff, daß die Bezeichnung „Freund" nur eine Verlegenheitslösung war. Die Aufzeichnungen des aus Norddeutschland zugereisten Goethe-Verehrers sind nach wie vor eine unschätzbare Quelle für jeden, der sich mit Goethe befaßt. Dennoch ist Vorsicht geboten, sie zeichnen das Bild des „Olympiers", so wie es von dem Porträtierten mit großer Wahrscheinlichkeit gewünscht wurde. Erst der Vergleich mit anderen zeitgenössischen Notaten (Kanzler von Müller zum Beispiel) ermöglicht ein realistisches Bild. Der von Goethe prophe-zeite, und gewiß aufrichtig erhoffte, Erfolg der „Gespräche mit Goethe" blieb zu Lebzeiten Eckermanns aus. Darin liegt eine gewisse Tragik, denn er hatte dem Olympier sein Lebensglück geopfert.

Im März 1824 schrieb er frohgemut an seine Braut Johanne Betram: „Goe-the ist sehr munter, vorgestern mittag bei Tisch aß er in Hemdsärmeln und war sehr jugendlich heiter. Bei Tische teilt er manches mit mir und gibt mir von seinem Teller. Wenn ich abends komme, läßt er sogleich eine Bouteille Wein bringen. Der alte Hofrat Meyer trinkt keinen; Kanzler von Müller Zuckerwasser; Goethe und ich trinken dann alleine."

Der Geheimrat riet Eckermann von einer Heirat ab; er könne ihm in Wei-mar nicht zu einer Stelle verhelfen, die ausreichend bezahlt werde, um mit Familie standesgemäß zu leben. Johannes Geduld war am Ende, im Januar 1827 schrieb sie: „Der Ehr in Weimar hast Du nun genug . . . Goethe zollt Dir für seine Güte gegen ihn nichts als Ehre; an mich oder Dein bürgerli-ches Glück denkt er nicht . . ." Erst 1831 fand die ersehnte Heirat statt, aber das Glück währte nicht lange. 1834 starb sie bei der Geburt eines Sohnes. Der Witwer zog in ein Haus am Markt, zunehmend schrullig und verbittert lebte er mit einer Sammlung lebender Greifvögel, bewahrte aber seinem Idol stets die Treue. Vergebens bemühte er sich, mit einer Fortset-zung der „Gespräche mit Goethe" noch finanziellen Erfolg zu erreichen. Er starb 1854.

In der Brauhausgasse steht auch das Bernstorffsche Haus, die Nr. 10, so benannt nach der 1799 aus Kopenhagen übergesiedelten Gräfin Caritas Emilie von Bernstorff. Den Reichtum der Dame verwaltete Johann Joa-chim Bode (1730–1793), der schon seit 1779 in Weimar lebte. In Hamburg war er sehr erfolgreich als Verleger und Druckereibesitzer tätig, er hatte Lessings „Hamburgische Dramaturgie" herausgegeben. Der Anhänger

der Aufklärung und Freimaurer war ein guter Freund Wielands und Bertuchs, zu Goethe stand er in keiner näheren Beziehung, begegnete ihm aber bei der „Tafelrunde" der Herzoginmutter.

Von der Brauhausgasse rechts abbiegend, gelangt man rasch mitten auf die *Schillerstraße*. Sie hieß damals Esplanade, was soviel heißt wie „eingeebneter Platz". Tatsächlich entstand sie in der zweiten Hälfte des 18. Jahrhunderts auf einem Abschnitt der ehemaligen Stadtbefestigung. Die Bebauung begann zögernd und zunächst nur auf der zum Stadtkern gelegenen Seite. Der Graben wurde zugeschüttet, Linden gepflanzt, Blumenrabatten angelegt: Es entstand eine Promenade, die durch Gitter abgeschlossen werden konnte, damit das niedere Volk draußen blieb. Hier pflegte die Herzoginmutter mit ihren Damen zu promenieren; die Stunde des Ausgangs wurde rechtzeitig unter der Hand verbreitet, so daß die Weimarer Gesellschaft an dem Ereignis teilhaben konnte.

Im jetzigen Haus Nr. 18, dem Redoutenhaus, wurde Goethe vom Herzog dem versammelten Hofe vorgestellt. Es war ebenfalls vom rührigen Post- und Baumeister Hauptmann errichtet worden, gedacht vor allem für Tanzveranstaltungen und Maskenbälle. Eine Theatertruppe gab es in Weimar nicht, mit dem Schloß war auch der Theatersaal abgebrannt. Durch Goethe entstand eine Liebhaberbühne, die hier probte und Vorstellungen gab; die Prosafassung der „Iphigenie" wurde uraufgeführt, aber auch Singspiele und anderes Unterhaltsame. Goethe holte Corona Schröter (1751–1802) aus Leipzig, die einzige Profidarstellerin unter lauter Amateuren. Goethe soll jedoch als Orest neben ihrer Iphigenie durchaus bestanden haben. Das bekannte Gemälde von Georg Melchior Kraus, es hängt im Goethehaus, ist in vielerlei Hinsicht aussagekräftig. Der Kammerherr von Einsiedel, eifriger Theateramateur und vielbeschäftigter Höfling, erregte Heiterkeit bei den Passanten, als er kostümiert und geschminkt als Mohr vom Redoutenhaus zum Fürstenhaus rannte.

Die Schillerstraße Nr. 14 war das Haus der Familie von Pogwisch. Die 1796 geborene Ottilie wurde Goethes Schwiegertochter, ihre Mutter war Hofdame der Herzogin Luise. Der Hofdienst beanspruchte sie derart, daß ihre Tochter nicht viel von ihr hatte. Die Kleine bekam ihr Mittagessen bei der Familie von Egloffstein und schlief bei der Großmutter, der Gräfin Henkel von Donnersmarck. Sie muß eine sehr strenge Dame gewesen sein, der Herzog sprach sie mit „Ihro Hexzellenz" an.

Friedrich Schiller. Gemälde von Tischbein, 1806.

Daneben nun das Schillerhaus mit dem Museum. Das Haus wurde 1777 gebaut, Schiller erwarb es 1802 für 4200 Taler, die er mühsam zusammenbrachte. Doch seine Verleger Cotta und Göschen wußten, daß sie in ihm einen verläßlich arbeitenden Autor hatten, und knauserten nicht mit Vorschuß. Er hielt sein Versprechen, jedes Jahr ein neues Stück zu liefern. Der „Wilhelm Tell", den er hier schrieb, wurde nicht nur viel gespielt, mit einer Auflage von 7000 Exemplaren zählte er auch zu den Bestsellern. Der zunehmend kränkelnde Mann arbeitete mit unvorstellbarer Energie; immer sorgsam abwägend, welcher Stoff beim Publikum auf das größte Interesse stoßen könnte. Und dabei ließ er sich auf keine Konzession an den Publikumsgeschmack ein. Der „Tell" löste nicht nur eine Welle patriotischer Begeisterung in deutschen Landen aus, sondern auch eine wahre Tell-Welle. Ob Tabak oder Schokolade, die Marke Tell erwies sich als werbewirksam. Die Weimarer Schützengilde tat das Ihre zum Gelingen des Stücks. Sie zeigten Schiller, wie man eine Armbrust spannt, und er übte es eigenhändig.

Bei allem Erfolg war der Dichter jedoch nicht recht froh in Weimar, auch Goethes Nähe half da wenig. Das Haus hatte ihn aus der Enge der Mietwohnung erlöst und bessere Arbeitsbedingungen verschafft, dennoch blieb der Zwang des Broterwerbs, der sich bei zunehmend schwächer werdender Gesundheit negativ auf seine künstlerische Produktivität auswirkte. Charlotte Schiller, liebevoll „Lolo" genannt, ließ den ach so notwendigen Kaffee aus Leipzig kommen, wo er billiger war, und sann unaufhörlich nach Möglichkeiten, die Haushaltskosten so niedrig wie möglich zu halten. Daß Schiller in Weimar nicht recht froh wurde, bezeugen seine Erwägungen, an den Rhein oder nach Schwaben überzusiedeln. Sowohl im Wohnhaus als auch im Museum findet man Dokumente dieser Sorgen und Überlegungen.

Vielleicht steht mancher mit Verblüffung vor dem Blatt, auf dem Schiller Vor- und Nachteile zweier Sujets nüchtern und wenig „poetisch" gegenübergestellt hat: „Mache ich mich an den ‚Warbeck' oder an den ‚Demetrius'?" Nicht nur finanzielle Sorgen veranlaßten ihn zu solchen Grübeleien, er spürte den nahenden Tod, er wollte haushalten mit seinen Kräften, um das noch Mögliche zu leisten. Es sind erschütternde Zeugnisse dafür, wie ein Mann sich mit äußerster Selbstbeherrschung gegen den Tod zur Wehr setzt. Der Hofmedikus Huschke (1760−1828), der Schillers Leichnam sezierte, konstatierte ebenso fassungslos wie erschüttert, daß der Mann bei dem Verfallszustand aller lebenswichtigen Organe eigentlich schon lange nicht mehr hätte am Leben sein können.

Schiller starb am 9. Mai 1805. Vierzehn Tage zuvor schrieb er noch nach

Folgende Doppelseite: Schillers Schreibtisch. Hier liegt noch ein Blatt des „Demetrius"-Dramas, an dem der Dichter bis zu seinem Tod arbeitete. Tintenfaß, Feder, Handleuchter, Schnupftabakdose gehörten zur Arbeit. Ein Teil des Himmelsglobus mit den 12 Sternbildern des Tierkreises ist erkennbar.

Dresden: „Goethe war sehr krank an einer Nierenkolik mit heftigen Krämpfen . . . Jetzt hat er sich ganz leidlich wieder erholt. Er ging soeben aus meinem Zimmer, wo er von einer Reise nach Dresden sprach, die er diesen Sommer zu machen Lust hat. Arbeiten kann er in seinen jetzigen Gesundheitsumständen freilich nicht, und gar nichts vornehmen ist wider seine Natur." Die eigene Krankheit erwähnte er nicht. Auf seinem Schreibtisch lag noch das Blatt vom „Demetrius"-Manuskript, an dem er bis zuletzt arbeitete.

Goethe fühlte, daß es mit Schiller zu Ende ging. Niemand wagte, ihm des Freundes Tod zu melden, man schickte schließlich Christiane vor. In einem Brief seines Mitarbeiters Riemer heißt es: „Den Tag über durfte niemand davon reden. Am dritten Tage sprach er zuerst mit mir über den Verlust, den die Literatur erlitten, was Schiller noch alles vorgehabt zu tun und zu leisten."

Und Weimar? Am 21. Mai schon berichtete Christianes Bruder nach Jena: „Die Menschen hier sind gar sonderbar! Es ist schon, als wenn gar kein Schiller unter ihnen gelebt hätte, so wie's bei Herdern auch war."

Im August veranstaltete Goethe in Bad Lauchstedt eine Totenfeier. Schillers Epos „Die Glocke" wurde szenisch dargestellt, eine Schauspielerin sprach den von Goethe verfaßten Epilog, darin die Verse:

Ihr kanntet ihn, wie er mit Riesenschritte
Den Kreis des Wollens, des Vollbringens maß,
Durch Zeit und Land, der Völker Sinn und Sitte,
Das dunkle Buch mit heiterm Blicke las;
Doch wie er atemlos in unsrer Mitte
In Leiden bangte, kümmerlich genas,
Das haben wir in traurig schönen Jahren,
Denn er war unser, leidend mit erfahren.

Wie Goethes Wohnhaus wurde auch das Schillerhaus im Krieg schwer beschädigt. Es wurde wieder aufgebaut, und zu Schillers 186. Geburtstag, am 10.11.1946, war es wieder öffentlich zugänglich. 1988 wurde unmittelbar daneben das Schiller-Museum eröffnet.

Dem Schillerhaus gegenüber, vor der traditionsreichen Hoffmannschen Buchhandlung, steht der Gänsemännchenbrunnen. Der Wasserspender wurde zwar erst 1863 errichtet, ist aber doch eine Spur von Goethes Wirken. Dieser hatte bereits 1814 durch Heinrich Meyer einen Gipsabguß vom

Nürnberger Original nehmen lassen und drei Jahre später eine Nachbildung angeregt. Einunddreißig Jahre nach Goethes Ableben entstand dieser „Nachlaß" des Geheimen Rates.

Johann Heinrich Meyer (1760—1832) wohnte ab Sommer 1816 in einem Haus, an dessen Stelle heute die Nr. 10 steht. Goethe hatte ihn per Zufall in Rom kennengelernt und später nach Weimar geholt. Der Schweizer war Kunstexperte und wurde als Freund des Dichters von 1791 bis 1803 Mitbewohner am Frauenplan. 1807 wurde „Kunscht-Meyer" Direktor des Freien Zeichen-Instituts, das neunzehn Jahre früher auf Goethes Initiative entstanden war. Erster Direktor war Georg Melchior Kraus (1733—1806), von dem Kupferstiche zum „Römischen Karneval" in den Weimarer Kunstsammlungen zu sehen sind.

Wendet man sich zurück, gelangt man in einer Minute zum *Theaterplatz*. Den Abschluß der Schillerstraße und die Ecke zum Platz, der vom Säulenportal des Nationaltheaters und dem Goethe-Schiller-Denkmal beherrscht wird, bildet der schlichte Bau des Wittumspalais'. Nicht einmal der Eingang liegt zum Platz hin, man gelangt quasi nur über die Hintertreppe hinein. Von der Schillerstraße führt ein Treppchen hinab zum „Hinterhof", den ein schönes schmiedeeisernes Portal ziert. Das Palais wurde 1767 auf dem Gelände des ehemaligen Franziskanerklosters für den Minister Freiherr von Fritsch gebaut. Für Architektur und Ausgestaltung holte der Freiherr den Rat von Adam Friedrich Oeser in Leipzig ein, der Goethes Zeichenlehrer war, als jener dort studierte. Goethe beschrieb ihn als „Feind des Schnörkel- und Muschelwesens und des ganzen barocken Geschmacks". Oesers Einfluß auf die Entfaltung des Klassizismus in Deutschland war bedeutend. Goethe freute sich, „dem alten lieben, guten Menschen und wahrhaften Künstler" in Weimar wieder zu begegnen.

Da das Schloß in Trümmern lag, brauchte die Herzoginmutter nach dem Regierungsantritt ihres Sohnes ein einigermaßen repräsentables Haus, in dem sie standesgemäß zurückgezogen leben konnte. Freiherr von Fritsch verkaufte dem Hof das Palais und begnügte sich weiter mit einer Stadtwohnung.

Anna Amalia war als braunschweigische Prinzessin sechzehnjährig mit dem zwei Jahre älteren Herzog Ernst August Konstantin verheiratet worden, froh, dem Elternhaus entrinnen zu können. Doch die Ehe währte nur zwei Jahre, kurz vor ihrer Niederkunft mit dem zweiten Sohn starb der Herzog. Sie sah sich vor die Alternative gestellt, ein Land zu regieren oder zu verlieren. „Tag und Nacht studierte ich, mich selbst zu bilden und mich

Folgende Doppelseite: Das Tafelrundenzimmer im Wittumspalais. Um diesen Tisch saßen Anna Amalia, Charlotte von Stein, Luise von Göchhausen, Goethe, Wieland, Herder, auch der Märchendichter Musäus; hier las man mit verteilten Rollen Shakespeare und Lessing oder trug aus eigenen Dichtungen vor.

Anna Amalia, die Mutter des Herzogs Carl August, gemalt von Johann Georg Ziesenis um 1769. Früh Witwe geworden, sah sie sich plötzlich gezwungen, das Land selbst zu regieren.

zu den Geschäften tüchtig zu machen." Bei diesen höchst komplizierten Geschäften – der Siebenjährige Krieg tobte, Seuchen und Mißernten plagten das Land – stand ihr seit 1772 von Fritsch als Präsident des obersten Collegiums, des Geheimen Conseil, zur Seite. Als Dr. Goethe in dieses Conseil eintreten sollte, wollte Fritsch unter Protest sein Amt niederlegen. Der Herzog reagierte darauf ziemlich barsch, die Herzoginmutter jedoch freundlich vermittelnd – und von Fritsch blieb.

Sie berief Wieland (s. a. Spaziergang IV), der doch recht unorthodoxe Prinzipien verfocht, zum Erzieher des Erbprinzen Carl August. Demzufolge war eigentlich sie es, die den Anstoß gab zur Einladung Goethes durch den jungen Landesherrn. Freilich wird sie auch idealisiert, manch herbe zeitgenössische Kritik geriet in Vergessenheit. Schiller, der ihr 1787 vorgestellt wurde, schrieb an Körner: „Sie selbst hat mich nicht erobert. Ihre Physiognomie will mir nicht gefallen. Ihr Geist ist äußerst borniert; nichts interessiert sie, als was mit Sinnlichkeit zusammenhängt; diese gibt ihr den Geschmack, den sie für Musik und Malerei und dergleichen hat oder haben soll."

Im Wittumspalais entfaltete Anna Amalia mit ihrer vielgerühmten „Tafelrunde" ein geselliges Leben, an dem Schiller später teilhaben durfte. Hier trafen sich adlige Hofleute, bürgerliche Künstler, Gelehrte und Geschäftsleute zu offenem Gedankenaustausch. Wieland, Goethe und Herder waren die exzellenten Köpfe der Runde, dazu der Unternehmer Bertuch, der Märchendichter Musäus und der bereits erwähnte Bode. Unter den Frauen glänzte durch Humor und Schlagfertigkeit die kleine, verwachsene Hofdame Luise von Göchhausen (1752–1807). Der „Urfaust" wäre uns wohl nicht erhalten geblieben, hätte sie nicht das Manuskript, das Goethe von Frankfurt mitgebracht hatte, heimlich abgeschrieben. Corona Schröters erster Auftritt in Weimar fand in diesem Zirkel statt. Nicht zuletzt gehörte dazu die Hofdame der Herzogin Luise, Charlotte von Stein. In der meist montags zusammentretenden Runde las man mit verteilten Rollen Shakespeare-Stücke, Lessings „Nathan" und „Emilia Galotti", Wieland trug seine Versepen vor, der „Tasso" und die „Iphigenie" wurden hier zuerst bekannt. Diese Gemeinsamkeit von Adel und Bürgertum trug nicht wenig dazu bei, überkommenen Standesdünkel zu überwinden, über Weimars Grenzen hinaus.

1791 gründete Goethe die „Freitagsgesellschaft". Er schlug vor, man solle „jeden Monat einmal zusammenkommen und drei Stunden einer gemeinsamen Unterhaltung, auch Vorlesungen und anderen Mitteilungen" wid-

Zu den Stätten der Klassiker

Der Theaterplatz in alter Gestalt. Links das 1825 erbaute Hoftheater, in der Bildmitte der Giebel von Wielands Haus, rechts davon die heutige Wielandstraße.

Gegenüberliegende Seite: Das Goethe-Schiller-Denkmal, geschaffen von Ernst Rietschel, Schüler und Freund von Chr. D. Rauch. 1857 wurde es enthüllt, Hans Christian Andersen war dabei: „Als die Hülle fiel, sah ich einen von den poetischen Momenten des Zufalls; ein weißer Schmetterling flog über Goethes und Schillers Haupt, als ob er nicht wüßte, auf welchem er sich niederlassen sollte. Nach kurzem Schwärmen hob er sich in das klare Sonnenlicht und verschwand."

men: „. . . auch der Streit ist Gemeinschaft, nicht Einsamkeit, und so werden wir selbst durch den Gegensatz hier auf den rechten Weg geführt . . . Oft ist ein Wink, ein Wort, eine Warnung, ein Beifall, ein Widerspruch zu rechter Zeit fähig, Epoche in uns zu machen."

Mit Anna Amalia starb 1807 auch das geistige Leben im Palais, das erst von der Loge Amalia und nachher vom Landtag genutzt wurde. Aber niemand wohnte mehr darin, es drohte zu verfallen. Erst nach 1871 wurde es restauriert und wieder wie zu Anna Amalias Zeiten eingerichtet. Im Zweiten Weltkrieg erlitt es schwere Schäden, konnte aber 1949 wieder eröffnet werden. Im Palais befindet sich auch das Wieland-Museum.

Der Theaterplatz entstand erst 1779. Das Gelände lag außerhalb der Stadt, es mußten Aufschüttungen vorgenommen werden. Wieder war es der emsige Unternehmer Hauptmann, der an der Stelle, wo auch heute das Theater steht, ein Komödienhaus errichtete. 1791 wurde es Hoftheater, Goethe übernahm die Leitung. Er eröffnete nicht mit einem eigenen Stück, er gab Ifflands „Jäger". Der Anteil publikumssicherer Stücke mit Unterhaltungswert war sehr groß im Spielplan dieses Direktors, Kotzebue rangierte weit vor den Klassikern. Aber in den 26 Jahren unter Direktor Goethe kamen 280 Aufführungen von Mozart-Opern zustande! Natürlich kamen die Autoren Goethe und Schiller nicht zu kurz. Nach einem Umbau wurde 1798 wiedereröffnet mit „Wallenstein", uraufgeführt wurden „Egmont", „Tasso" und „Maria Stuart".

Seit der Übersiedlung von Jena nach Weimar wirkte Schiller auch bei der Regiearbeit mit. Er war den Schauspielern gegenüber der bessere Pädagoge. Wo Goethe aus der Haut fuhr, blieb er ruhig-überlegen.

Das Haus brannte 1825 nieder. „Für das, was hier geleistet worden ist, stand das bescheidene Haus wie ein Wunder da. Die Aufmerksamkeit von ganz Deutschland war darauf gerichtet. Der Reisende betrat es mit einer Anwandlung von Ehrfurcht", konnte Goethe sagen.

In kurzer Zeit wurde ein neues Theater im Stil des Klassizismus errichtet, größer und besser ausgestattet. Anläßlich Goethes 80. Geburtstags wurde der „Faust" aufgeführt; später errang die Bühne neuen Ruf besonders durch Franz Liszts Wirken. Er dirigierte 1849 hier den „Tannhäuser", als Richard Wagner steckbrieflich gesucht wurde wegen seiner Barrikadenrolle beim Aufstand in Dresden. 1850 kam der „Lohengrin" zur Uraufführung. Die Hofkapelle stieg zu einem der ersten Orchester Deutschlands auf, Weimar wurde zum Zentrum der musikalischen Avantgarde. Richard Strauss dirigierte als junger Kapellmeister hier die Uraufführung seiner

DEM DICHTERPAAR
GOETHE UND SCHILLER
DAS VATERLAND.

Tondichtung „Don Juan" und seinen Opernerstling „Guntram" sowie die Uraufführung von Engelbert Humperdincks Märchenoper „Hänsel und Gretel". Goethes Worte, die dem niedergebrannten Theater galten, konnten getrost auch für diesen Bau gelten. Leider ist dieses Haus nicht erhalten geblieben. Der traditionsreiche Bau fiel, obwohl er noch in gutem Zustand war, 1906 der Spitzhacke zum Opfer. Bedeutende Männer liefen gegen dieses Vorhaben Sturm, Henry van de Velde bat deswegen um ein Gespräch beim Großherzog Wilhelm Ernst, der allerdings wenig vom Kunstsinn seines Ahnen Carl August hatte. Es blieb beim Abriß, um einem Neubau Platz zu schaffen, der dem „Geist" der Ära Wilhelms II. geschuldet war. Van de Velde sprach von einer „Art von Vandalismus" und „mutwilliger Zerstörung".

1919 tagte in diesem Bau die Nationalversammlung, um der eben erstandenen Republik eine Verfassung zu geben, fernab von den unruhigen Gebieten im Reich, gesichert von Soldaten und Polizei. Die guten Weimarer waren eher erschreckt als stolz. Der Luftangriff vom 9. 2. 1945 — militärisch sinnlos — traf auch diesen Bau. Beim Wiederaufbau wurde die Fassade erhalten, das Interieur neu gestaltet. 1949, bei der Wiedereröffnung, gab man den „Faust", Thomas Mann sprach von der Hoffnung, „daß gerade aus den Nöten dieser Übergangszeit ein neues menschliches Solidaritätsgefühl, ein neuer Humanismus hervorgehen könnte". Das Wort hat vierzig Jahre später neue Gültigkeit. 1973 bis 1975 wurde das Haus rekonstruiert. Wieder eröffnete es mit „Faust", diesmal endlich auch mit dem zweiten Teil. Regie führte Fritz Bennewitz.

Das Goethe-und-Schiller-Denkmal beherrscht den Platz im Einklang mit der Fassade des Deutschen Nationaltheaters. Es wurde von Ernst Rietschel geschaffen, enthüllt 1857. Das Erz stiftete der König von Bayern, erbeutete Kanonen wurden einem besseren Zweck zugeführt. Rietschels tiefes Erfassen von Goethe und Schiller und ihrem Verhältnis zueinander entdeckt man erst bei genauerem Hinsehen. Sie gehören unstreitig zusammen, und doch steht jeder für sich, sie blicken einander nicht an, sie sehen nicht einmal in dieselbe Richtung. Sie sind leicht idealisiert und zugleich sehr realistisch dargestellt. Goethe legt dem Freund und Mitstreiter eine Hand auf die Schulter, hält in der Rechten aber fest den Lorbeerkranz; Schillers Linke umfaßt eine Schriftrolle, seine Rechte jedoch greift wie nebenbei nach dem Kranz. Goethe steht mit beiden Füßen fest auf dem Boden, sein Blick richtet sich auf irdische Horizonte; Schillers Füße sind dem Boden nicht verhaftet, seine Augen suchen idealistische Höhen. Die Ambivalenz

46

dieser produktiven Freundschaft wird deutlich. Philosophisch standen sich der Kantianer Schiller und der Freigeist Goethe eher mit Skepsis gegenüber, im Ideal klassisch-humanistischen Wirkens fanden sie sich. Goethe dankte dem Freund, daß dieser ihn mit ermunterndem Zuspruch zu neuer poetischer Produktion antrieb, Schiller seinerseits empfing vor allem Anregungen in Natur- und Geisteswissenschaft, künstlerisch beratend und befruchtend wirkten beide aufeinander. Mit den gemeinsam verfaßten „Xenien" − ironische Attacken gegen literarische Zeitgenossen − erweckten sie bei Zustimmenden wie Ablehnenden den Eindruck absoluter Einigkeit. Der Schein trog. Das freundschaftliche Du kam zwischen den „Dioskuren" nie zustande. Beiden war zu Lebzeiten ein Denkmal in Erz höchst gleichgültig, für Schiller mag auch gelten, was Goethe feststellte:

Zu Goethes Denkmal, was zahlst du jetzt?
Fragt dieser, jener und der. −
Hätt ich mir nicht selbst ein Denkmal gesetzt,
Das Denkmal, wo käm es denn her?

Sie schauen beide übers Dach des niedrigen Gebäudes vor ihnen, die Kunsthalle, die ursprünglich eine Kutschenremise war. C. M. Coudray hat sie 1823 umgestaltet, unter lebhafter Anteilnahme Goethes. Damals diente der Bau lange als Kulissenmagazin, heute finden darin wechselnde Kunstausstellungen statt.

Das Eckhaus am Platz gegenüber dem Wittumspalais, nach der Zerstörung im Krieg nicht wiederaufgebaut, war die Wohnung von Johanna Schopenhauer. Die Mutter Arthur Schopenhauers zog 1806 nach Weimar, ihr vor allem dankte Goethe die allmähliche Aufnahme seiner Christiane in die Weimarer Gesellschaft. Auch nach der Heirat war man nicht so schnell bereit, Demoiselle Vulpius als Frau Geheimrat zu akzeptieren. Johanna Schopenhauer empfing das Ehepaar und sorgte so für allmähliches Aufbrechen des Eises. In ihrem Hause bildete sich bald ein literarisch-musikalischer Salon, der nach dem Tod Anna Amalias an Bedeutung gewann.
Die Straße, die genau entgegengesetzt vom Theaterplatz wegführt, ist die *Wielandstraße.* Im Haus Nr. 1 hat Wieland von 1803 bis zu seinem Tode 1813 gewohnt. Hier übersetzte er aus dem Lukian, dem Cicero, dem Euripides, hier bereitete er sich vor auf den Empfang bei Napoleon in Erfurt, 1808. Neben Goethe war er der einzige, den Napoleon aus Weimarer Kreisen kennenzulernen wünschte. Schon zehn Jahre zuvor nämlich hatte Wie-

Christoph Martin Wieland, Gemälde von Ferdinand Jagemann, 1805.

47

land in seinem Journal erklärt, das Chaos im französischen Staatswesen könne nur von einem Diktator beseitigt werden, und auf den General Bonaparte verwiesen.

Die Wielandstraße mündet auf den verkehrsreichen *Goetheplatz*. Gleich rechts hat man 1859 eine Nachbildung des Nike-Tempels als Lesemuseum errichtet. An dieser Stelle etwa befand sich, als Goethe nach Weimar kam, das von zwei trutzigen Türmen bewehrte „Erfurter Tor". Der heute so belebte Platz war von einem Graben durchzogen, von Teichen und Scheunen gesäumt: Es war der „Schweinemarkt".

Die Bebauung begann erst um 1800, nachdem ein Brand die alten Scheunen vernichtet hatte. Graben und Teiche wurden zugeschüttet, eine Straße und Promenaden angelegt. Das älteste Haus ist das der Löwenapotheke, neben dem Hotel Russischer Hof. Auf dieser Seite steht auch das Postamt, diesem gegenüber, rund und wehrhaft, der Kasseturm. Die Bezeichnung stammt aus der Zeit, als nach dem Schloßbrand die Landschaftskasse, das Finanzministerium, dort ihren Sitz erhielt. Der Turm stammt aus dem 15. Jahrhundert, er dient heute als Studentenklub. Zwischen Turm und Lesemuseum errichtete man 1858 das Haus der Gesellschaft „Erholung" für Konzerte und Bälle. 1864 wurde dort die Shakespeare-Gesellschaft gegründet. Goethe beteiligte sich intensiv an der ersten baulichen Gestaltung des Platzes, schriftliche und zeichnerische Zeugnisse sind erhalten. Das Hotel Russischer Hof wurde 1803 erbaut, die klassizistische Gestalt blieb erhalten. Da auch an diesem Gebäude der Bau- und Postmeister Hauptmann beteiligt war, war zunächst auch die Posthalterei in dem Haus untergebracht. Es hieß zuerst „Alexanderhof", um die familiäre Beziehung des Weimarer Hofes zu den Romanows zu betonen. Später wurde ein „Russischer Hof" daraus, im Wechsel politischer Zeichen erneut umbenannt in „Fürstenhof", nun ist der Hof wieder ein „russischer". Hier übernachteten nicht nur berühmte Leute, es fanden auch, besonders in nachklassischer Zeit, für Weimars Geistesleben bedeutsame Begegnungen statt. Franz Liszt und Hoffmann von Fallersleben tagten hier mit ihrem „Neu-Weimar-Verein", 1854 gegründet. Im Vereinslied (Text: Hoffmann von Fallersleben, Musik: Franz Liszt) hieß es programmatisch:

Wir freuen uns am Alten,
Was herrlich sich erweist.
Doch Neues zu gestalten,
Treibt mächtig uns der Geist.

Der Carlsplatz um 1850. Der Turm links ist der Kasseturm, der heute noch steht. Seit 1946 heißt der Platz Goetheplatz.

Clara Schumann nächtigte in diesem Hotel, und Iwan Turgenjew fror hier erbärmlich; zu Beginn des 20. Jahrhunderts war Edvard Munch zu Gast, um sein Nietzsche-Portrait zu gestalten. Die Fürstensuite wurde zum Atelier, der in Weimar studierende Sohn Gerhart Hauptmanns besuchte Munch dort. 1932, zum 100. Todestag Goethes, war Thomas Mann hier und fand, Weimar sei eine „Zentrale des Hitlertums".

Im Haus Nr. 3, dem Hotel benachbart, wohnte der Maler Carl August Schwerdtgeburt (1785—1878). Er war Lehrer an der Zeichen-Schule, gab Radierungen nach Goethes Handzeichnungen heraus, malte Carl August so, wie er war, nicht wie er auf dem Denkmalroß reitet.

Wendet man sich vis-à-vis der Löwenapotheke zurück, kommt man, rechts vorbei am Lesemuseum, in eine schmale Straße, die leicht abschüssig ostwärts verläuft, die *Geleitstraße*. Links haben wir das Haus Nr. 12, in dem der Minister von Fritsch recht bescheiden wohnte, nachdem er sein Palais Anna Amalia überlassen hatte. Allerdings gehörte seinerzeit ein ansehnlicher Garten zum Haus, das später das Hotel Chemnitius wurde. Darin logierte 1912 Franz Kafka.

Daneben die Nr. 10 sollte eigentlich eine Erinnerungstafel an eine üble Hof- und Theaterintrige tragen. Der Schüler und Mitstreiter Liszts, Peter Cornelius (1824—1884), wohnte hier. Die Uraufführung seiner Oper „Der Barbier von Bagdad" wurde organisiert ausgepfiffen, um Liszt zu treffen. Der legte seinen Dirigentenstab nieder.

Benachbart ist das Renaissancegebäude, nach dem die Straße ihren Namen hat: das Geleithaus. Darin befand sich eine Art Zollamt, wo man die „Geleitzettel" für eingeführte Waren zu lösen hatte. Goethes Diener Philipp Seidel, der mit ihm aus Frankfurt gekommen war, wohnte da, nachdem er fürstlicher Beamter geworden war. Goethe pflegte seinen Dienern stets gute Stellen zu verschaffen, wenn sie den Dienst bei ihm quittierten.

Nun kommt ein auffallend schöner Fachwerkbau ins Blickfeld, es ist die Geleitschänke. Das Haus wurde als Wohnung und Lagerhaus eines Waidhändlers errichtet; das Jahr ist nicht genau bekannt. Die Waidpflanze war als Färbemittel für Textilien im Mittelalter ein thüringischer Exportschlager. Anfang des 18. Jahrhunderts gehörte das Haus Salomo Franck (1659—1725), dessen Kirchenlieder Johann Sebastian Bach vertonte. Das Fachwerk wurde bei der Renovierung nach dem Zweiten Weltkrieg freigelegt.

Links neben dem Fachwerkbau betritt man die *Scherfgasse*, in der das Haus Nr. 3 von Interesse ist. Es wurde 1577 errichtet und 1743 völlig umgebaut. Die Familie des Hofmarschalls von Schardt wohnte hier. Die Tochter, Charlotte, wuchs hier auf und lebte als Charlotte von Stein mit ihrem Ehemann bis 1776 in unmittelbarer Nachbarschaft, in der Kleinen Teichgasse, sofern sie nicht auf Schloß Großkochberg weilte. Zum Schardtschen Anwesen gehörte ein Rokokopavillon mit wertvoller Stukkatur und zwei Fayence-Öfen. Leider ist es nicht öffentlich zugänglich.

Die *Kleine Teichgasse* geht rechts von der Scherfgasse ab, von Steins wohnten im Haus Nr. 8, dem ehemaligen Landschaftskassengebäude. Es sah freundlicher aus, als Goethe durch die nächtlichen Gassen zu Charlotten schlich und umkehren mußte, weil Stimmen ihm verrieten, daß sie nicht allein war. Der damals zum Grundstück gehörige Garten grenzte an den der Schardts. Viel ist über Goethes Beziehung zu Charlotte geschrieben und gerätselt worden. Carl Augusts späte Bemerkung, daß Goethe stets mehr in eine geliebte Frau hineinlegte, als in Wahrheit drin war, mag vor allem hier zutreffen. Sie war vermutlich wichtig für den jungen Mann, weil sie ihm auf ihre Weise „Schliff" zu geben wußte, als er anscheinend Gefahr lief, sich in wilder Lebenslust mit dem jungen Herzog zu verlieren. Dabei war sie wohl außerstande, dem Geniegeist tatsächlich Partnerin zu sein. Eine erotische Beziehung war es gewiß nicht.

Am Haus Nr. 21 erinnert eine Tafel an die Genasts, Vater und Sohn. Anton Genast (1765–1831) war unter Goethes Direktion Schauspieler und Regisseur. 1817, als Goethe die Leitung hinwarf, ging auch er. Sein Sohn Eduard Franz Genast (1797–1866) nahm erst dann ein Engagement am Hoftheater an, als Goethes Rivalin im Kunsttempel, die intrigante Mätresse Carl Augusts, Caroline Jagemann, nachmals Freifrau von Heygendorf, abgetreten war. „Aus dem Tagebuch eines alten Schauspielers" ist der Titel seiner Memoiren, die neben Nachdenklichem auch manch Amüsantes enthalten.

Die Namen Kleine Teichgasse und Teichgasse erinnern daran, daß auf zugeschütteten Teichen gebaut wurde. Weimars Stadtkern steht fast durchweg auf sumpfigem Boden. Kein Wunder, daß Goethe in Italien wenig Sehnsucht nach dem „neblichten Norden" verspürte.

Durch die Teichgasse gelangt man, geht man an ihrem Ende ein kurzes Stück das „Eisfeld" nach rechts entlang, zum Donndorfbrunnen, den Adolf Donndorf (1833–1916) seiner Vaterstadt zum Geschenk machte. Dort stößt man auf die Sackgasse Am Palais. Der mittelalterlich-düstere Bau war ursprünglich ein Franziskanerkloster; Martin Luther übernachtete und predigte dort einige Male. Die Mönche verließen 1553 die Stadt, das Gebäude wurde zum Kornspeicher umfunktioniert. 1872 wurde es –

Charlotte von Stein, geborene v. Schardt. Bleistiftzeichnung, vermutlich ein Selbstbildnis, um 1780.

Der Donndorfbrunnen, eine Darstellung der Mutterliebe. Der Schüler Ernst Rietschels hatte die Plastik eigentlich für den Union-Square in New York geschaffen. Diese Kopie schenkte er seiner Vaterstadt Weimar, für die er auch das Carl-August-Denkmal schuf.

51

einer Anregung Liszts folgend – zur ersten Orchesterschule in Deutschland umgebaut. Heute sind hier Institute der Hochschule für Musik untergebracht.

Hier beginnt, parallel zur Schillerstraße verlaufend, die *Windischenstraße*. Im Haus Nr. 15 lebte zu Goethes Zeit die Familie von Egloffstein, mit der insbesondere der Kanzler von Müller in engen Beziehungen stand. Die von ihm wie von Goethe umschwärmte Julie von Egloffstein (1792–1869) war malerisch begabt, ihr Selbstbildnis ist im Wittumspalais zu sehen. Goethe versuchte ihr Talent zu fördern. „Wärst Du mein Töchterchen, wie wollte ich Dich einsperren, bis du Dein Talent völlig und folgerecht entwickelt hättest!" drohte er der jungen Dame, die wenig dazu neigte, seinen strengen Anforderungen Folge zu leisten. Ihre Schwester Caroline (1789–1868) war sehr musikalisch, komponierte und sang Goethe, sich mit der Gitarre begleitend, ihre Lieder vor. Ihr Onkel, Wolfgang Gottlob Christoph von Egloffstein (1766–1815) war Hofmarschall.

Gegenüber, in der Nr. 15, wohnte Friedrich Theodor Adam von Müller (1779–1849), seit 1801 Jurist und Staatsbeamter in Weimar, seit 1815 Kanzler und Präsident des Justizwesens. Nach der Niederlage von Jena und Auerstedt verhandelte er im Auftrag Carl Augusts so geschickt im Hauptquartier Napoleons, daß der Kaiser auf seinen zornigen Plan verzichtete, das Herzogtum Weimar von der Landkarte zu tilgen. Von Müllers Tagebücher wurden nach seinem Tode unter dem Titel „Unterhaltungen mit Goethe" veröffentlicht. Darin begegnet man einem anderen Goethe als bei Eckermann. Müller beobachtet „Negationsneigung und ungläubige Neutralität, . . . bitter-humoristische Stimmungen", aber auch „Witz, Humor, Gemütlichkeit und Phantasie". Der Leser erfährt die innere Zerrissenheit, die Resignation des Alten, der bei Eckermann zum Mythos verklärt wird. Erst wenn man um die bisweilen abgrundtiefe Verzweiflung Goethes weiß, erfaßt man die Bedeutung seines Alteswerks. Goethe bestimmte den Mann, dem er sich vielleicht als einzigem so offenbarte, zum Vollstrecker seines Testaments.

Das Haus Nr. 8 ist als Wohnsitz der Charlotte von Kalb (1761–1843) auf eigene Weise in Weimars klassische Ära eingebunden. Sie lebte mit dem ungeliebten Gatten auf dessen Gut Waltershausen. Hier mietete sie die zweite Etage, um Schiller nahe zu sein, als er in der Frauentorstraße wohnte. Schiller meinte von den Damen in Weimar, „da ist beinahe keine, die nicht eine Geschichte hätte oder gehabt hätte; erobern wollen sie alle". Es schien ihm natürlich und selbstverständlich, auf die Wünsche Frau von Kalbs einzugehen. Dergleichen war im „Zeitalter der Empfindsamkeit" durchaus nichts Ungewöhnliches. Zuerst schien ihm Charlotte ein „geistvolles Geschöpf mit viel Phantasie" zu sein, nach seiner Verlobung mit Charlotte von Lengefeld (Lolo) nannte er sie „ein seltsames Geschöpf, ohne Talent glücklich zu sein". Vielleicht stimmte beides. Dem jungen Hauslehrer Friedrich Hölderlin war sie in Waltershausen wohl auch mehr als nur geistig zugetan.

Trotz aller Enttäuschung überließ sie Schiller jedoch die Wohnung nebst etlichem Mobiliar, damit er von Jena übersiedeln konnte. Drei Jahre wohnte er mit Lolo und den Kindern dort, bis sie ins Haus an der Esplanade einzogen. Hier in dieser engen Wohnung entstanden „Maria Stuart" und „Die Jungfrau von Orleans" sowie zahlreiche Gedichte. Im ersten Stock wohnte der Bruder Charlotte von Steins, Carl von Schardt. Später lebte hier Heinrich Jäde (1815–1873), Demokrat und Redakteur des „Weimarer Volksblatts". Er tat sich in den Revolutionstagen von 1849 hervor. Ins Gefängnis kam er aber nicht deshalb, sondern weil er in seinem Blatt zur Steuerverweigerung aufgerufen hatte.

Der Markt erwartet den Spaziergänger am Ende der Straße. Das Geviert wurde 1424 bei einem großen Stadtbrand arg in Mitleidenschaft gezogen. Sein Gesicht erhielt der Markt um die Mitte des 16. Jahrhunderts. Er wurde nicht lange als Turnierplatz genutzt und deshalb gepflastert. Teile davon sind erhalten, wiedererrichtet und restauriert. Seit dem 17. Jahrhundert wird jeden Herbst der Zwiebelmarkt hier abgehalten. Das Rathaus wurde 1841 im Stil der Neugotik gebaut, nachdem das alte abgebrannt war. Erhalten sind im Innern jedoch, gut eingepaßt, zwei Renaissanceportale. Neben dem Rathaus findet man das Geburtshaus von Carl Zeiss (1816–1888). Er gründete 1846 in Jena die feinmechanisch-optische Werkstatt, aus der die berühmten Zeiss-Werke entstanden, und (mit Ernst Abbe) die auf soziale Sicherheit der Mitarbeiter gerichtete Zeiss-Stiftung. Die neuerstandene Nordseite des Marktes, 1945 durch Bomben zerstört, zeigt sich in „alter" Pracht. Ins Auge fällt ein Renaissance-Erker; er konnte aus den Trümmern geborgen werden. Das Haus war die alte Hofapotheke.

In der benachbarten Nr. 8 lebte die Schauspielerin Corona Schröter (1751–1802). Goethe hatte sie bereits in Leipzig als exzellente Sängerin und Darstellerin erlebt. 1776 holte er sie nach Weimar. Wieland berichtete von einer Begegnung im Sommer 1778 im Park an der Ilm. „In der unendlich edlen attischen Eleganz ihrer ganzen Gestalt und in ihrem ganz simplen und doch unendlich raffinierten" Kleide machte sie auf ihn einen tiefen Eindruck. Von ihrer Kunst wird noch die Rede sein.

Folgende Doppelseite: Das Cranach-Haus am Markt. Der Renaissancebau mit dem Doppelgiebel steht dem Rathaus gegenüber. Lucas Cranach lebte seit 1552 in Weimar, nachdem er lange Jahre seinem Kurfürsten, der im Schmalkaldischen Krieg 1547 in kaiserliche Gefangenschaft geriet, treu zur Seite gestanden hatte.

Im Haus Nr. 9 lebte nach dem Tod seiner Frau, 1834, Eckermann mit seinem Sohn und seiner Vogelmenagerie.

Der Neptunbrunnen steht vor der nördlichen Häuserzeile; dort, wo einmal ein alter Ziehbrunnen stand. Auf dem 1570 errichteten Laufbrunnen thronte zunächst ein steinerner Löwe, Wappentier der Stadt. 1774 ersetzte man ihn durch die Neptunfigur, geschaffen von Martin Gottlieb Klauer (1742–1801), dem auch schöne Goethe-Büsten zu verdanken sind. Der Meeresgott hielt sich 150 Jahre, dann mußte er durch eine Kopie ersetzt werden. Diese widerstand der Weimarer Luft beileibe nicht so lange wie das Original, das im Schloß Belvedere aufbewahrt wird. Nach diesem wurde 1971 eine neuerliche Nachbildung angefertigt.

Das Stadthaus, ein Renaissancebau, liegt gegenüber dem Rathaus. Es wurde 1526 bis 1547 auf herzoglichen Wunsch von der Stadt erbaut und zunächst als Rats- und Handelshaus genutzt, das alte Rathaus lag ja in Schutt und Asche. Später wurden hier Fleisch und Getreide gehandelt, Steuergelder kassiert, nach Umbauten auch Hofbälle, Konzerte und Komödien gegeben. Im Erdgeschoß richteten Bäcker, Fleischer und Schuster ihre Läden ein, im Keller etablierte sich eine Gaststätte. Ein unterirdischer Gang führte zum Rathaus hinüber.

Daneben steht das Cranachhaus, sofort kenntlich am Doppelgiebel. Lucas Cranach (1472–1553) nahm erst ein Jahr vor seinem Tod in Weimar seinen Wohnsitz; mit ihm lebte zum ersten Mal ein bedeutender Künstler in den Mauern der Stadt. Das Doppelhaus mit drei Stockwerken hatte sich Cranachs Schwiegersohn, der Kanzler Dr. Brück, bauen lassen: für die damalige Zeit ein Prunkbau. Es ist eines der bedeutsamsten Beispiele der Renaissancearchitektur in Thüringen. Über dem rechten Fensterbogen im Erdgeschoß sieht man ein Relief, die geflügelte Schlange, Cranachs Wappen. Im dritten Stock richtete er sein Atelier ein, in dem das berühmte Altargemälde, das in der Stadtkirche zu sehen ist, begonnen wurde. Lucas Cranach starb über dieser Arbeit, sein Sohn vollendete das grandiose Bildwerk.

Zu Goethes Zeit war in dem Haus die zunächst einzige Buchhandlung der Stadt, die Hoffmannsche. Wielands „Teutscher Merkur" wurde hier verlegt und die erste weimarische Zeitung. Johann Wilhelm Hoffmann (1777–1859), der Enkel des Gründers, führte das Geschäft nach einer gründlichen Ausbildung in Hamburg mit großem Erfolg weiter. Er stand mit allen Persönlichkeiten der Weimarer Klassik in engen Beziehungen, Goethe und Carl August waren seine besten Kunden. Die Buchhandlung existiert heute noch in der Schillerstraße.

In den Gewölben des Erdgeschosses vom Cranachhaus findet man heute die Cranach-Galerie, in der interessante Ausstellungen zeitgenössischer Künstler sowie Vorträge zu Kunst und Literatur, Autorenlesungen und Buchpremieren stattfinden.

Das andere Eckhaus, die Nr. 13, war eine Zeitlang Wohnung von Karl Ludwig von Knebel (1744–1834), friderizianischer Offizier, der 1774 aus Potsdam nach Weimar kam, um der Erzieher von Carl Augusts jüngerem Bruder Constantin zu werden. Er übersetzte Properz und Lukrez, schrieb Gedichte und hinterließ „Autobiographische Fragmente". Als er heiratete, zog er nach Ilmenau, später lebte er in Jena. Er vermittelte die Bekanntschaft Carl Augusts mit Goethe, der an einem Novembertag in Weimar eintraf — von Knebel war am 30. November, im Sternbild des Schützen, geboren. 1825 sandte Goethe seinem „Urfreund" dieses kleine Gedicht:

Dir ins Leben, mir zum Ort
Leuchtete dasselbe Zeichen;
Und so ging, so geh es fort
Unsrer Freundschaft sondergleichen.

Um die Ecke schließen zwei ehemalige Schlößchen an, benannt nach ihrer ursprünglichen Fassadenfarbe. Der Barockbau ist das Gelbe Schloß, 1702 errichtet für die Herzogin Charlotte Dorothea Sophie. Es wurde später als Verwaltungsgebäude und Beamtenwohnung genutzt. August von Kotzebue wurde hier geboren. Den Zweck des Gebäudes unterstreicht im Innenhof der Aktenmännchenbrunnen.

Beherrschend ist das Rote Schloß, das sich uns allerdings grau zeigt. Ein schönes Renaissanceportal deutet auf das Entstehungsjahr 1547. Zu Beginn des 18. Jahrhunderts musizierte hier die Hofkapelle, als Violinist dabei der junge Johann Sebastian Bach. Als Goethe im Fürstenhaus am „Katzentisch" speisen durfte, befand sich hier die Schloßküche, die Speisen mußten hinübergetragen werden. Von 1781 bis 1807 beherbergte das Gebäude die Freie Zeichen-Schule. Danach zogen auch hier Behörden ein.

Gegenüber gähnt eine Baulücke. Dort stand einst die vielgerühmte Weinstube „Fürstenkeller", die ihrerseits auf den Fundamenten eines Hauses stand, in dem Johann Sebastian Bach (1685–1750) wohnte, als er in Weimar Hofkapellmeister und Hoforganist war, 1708 bis 1717. Seine Söhne Wilhelm Friedemann und Carl Philipp Emanuel wurden hier geboren, seine „Jagdkantate" komponierte er hier. Als Bach in den Dienst des Hofes zu Köthen wechseln wollte, ließ ihn der damalige Herzog kurzerhand vier Wochen lang arretieren wegen „halsstarriger Bezeugung". Auch der Gast-hof „Zum Erbprinz", späterhin „Parkhotel", stand, wo die Lücke klafft. Dort traf sich Carl August mit Goethe und anderen, wenn er der steifen Hofetikette entrinnen wollte. Jakob Lenz und Friedrich Klinger nahmen da Quartier, auch der Arzt Hufeland. Im „silbernen Zeitalter" Weimars kam das Hotel durch den Kreis um Franz Liszt zu neuem Glanz. Bei Wein und Zigarrendunst erneuerte Liszt hier seine Freundschaft mit dem aus Dres-den flüchtigen Richard Wagner.

Das Hotel Elephant endlich, Weimars berühmte Nobelherberge: Die wenig klassische Gestalt erhielt der Bau erst 1938. Damals wurde eigens ein Balkon angebracht, um Adolf Hitler Gelegenheit für eine Ansprache an sein Volk zu verschaffen. Da dokumentiert sich ein Unterschied zum klassischen Zeitalter. Thomas Manns literarische Figur, der Elephant-Kellner Mager („Lotte in Weimar") bemerkt zur Madame Kestner, die den Geheimen Rat besuchen will: „Bei uns in Weimar gibt es dergleichen wie weite Wege nicht; unsre Größe beruht im Geistigen."

Prominente Gäste des Hauses: Heinrich Hoffmann von Fallersleben, der 1818 beim Wirt seinen Homer versetzen mußte, um nicht zum Zechpreller zu werden; 1826 nannte Franz Grillparzer das Hotel das „Vorzimmer zu Weimars lebender Walhalla".

Neben dem Elephant sieht man einen schönen Portalbogen, er gehört zum vermutlich ältesten Gebäude am Markt. Es ist der Gasthof Schwarzer Bär. Der tüchtige Bärenwirt war es, der 1696 den Gasthof Elephant begründete. Zwischen der Hotelzeile und dem Roten Schloß erreicht man wieder den Platz der Demokratie — der Gang durch den alten Stadtkern ist beendet.

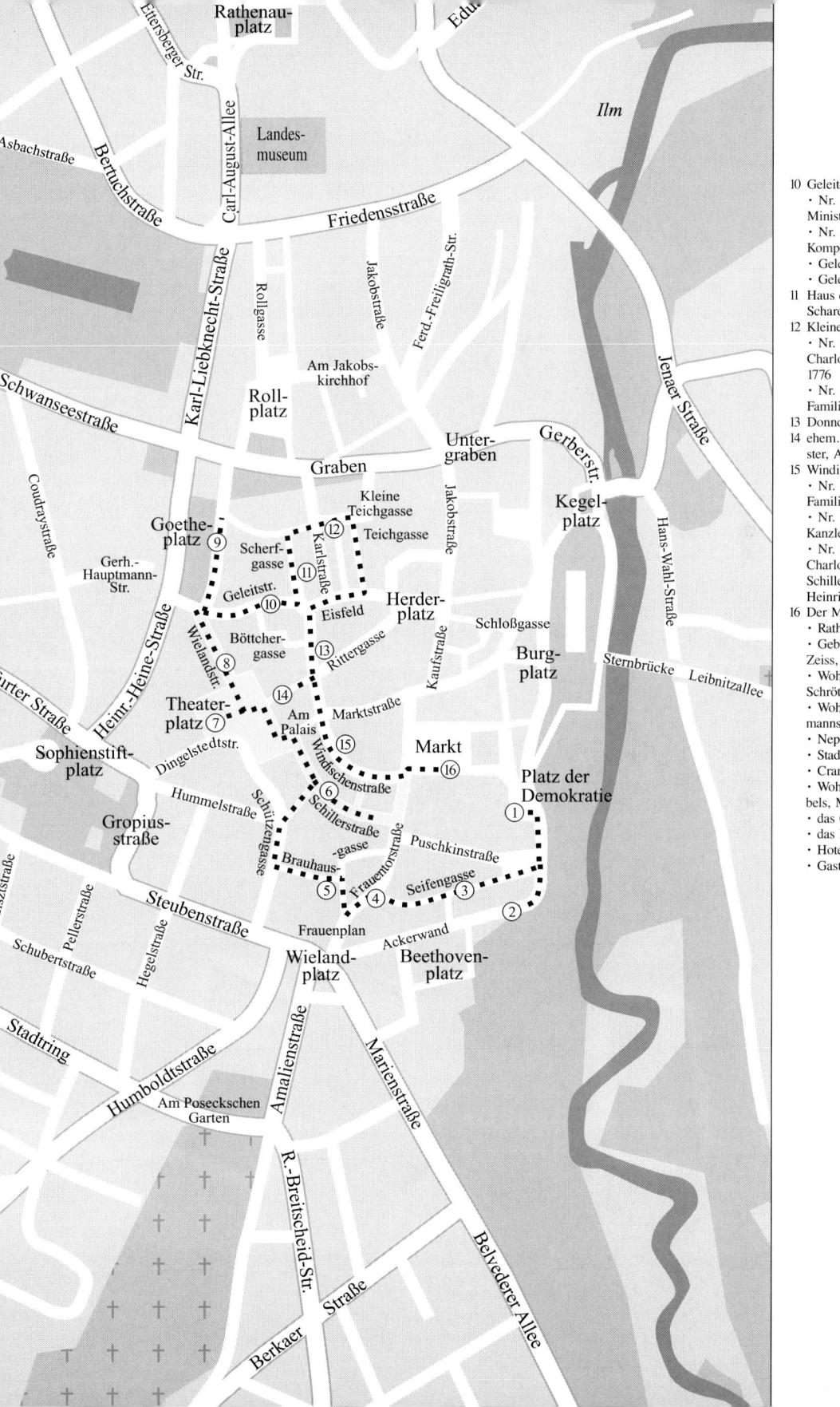

Schloß − Der Stern − Goethes Gartenhaus − Römisches Haus −
Klosterkirche St. Peter und Paul

Das *Stadtschloß* steht auf den Fundamenten einer mittelalterlichen Wasserburg, deren ursprüngliche Anlage auf der Luftaufnahme (vor dem
Ersten Weltkrieg) ohne weiteres noch erkennbar ist. Ein gotischer Bau
brannte 1424 nieder, der Wiederaufbau wurde sofort begonnen, jedoch
unter dem Gesichtspunkt, die Verteidigungsfähigkeit wiederherzustellen.
Erst im 16. Jahrhundert begann die Umgestaltung zum Renaissanceschloß
„Burg Hornstein". Der sächsische Kurfürst Johann Friedrich machte
Hornstein zu seinem Sitz, nachdem er aus der Gefangenschaft freikam, in
die er 1547 im Schmalkaldischen Krieg als Anführer der protestantischen
Fürsten geraten war. Der betagte Lucas Cranach hatte dieses Los mit ihm
geteilt und ließ sich nun in seiner Nähe nieder (Cranachhaus am Markt).
1618 zerstörte ein Brand den Renaissancebau, schon ein Jahr später entstand „Schloß Wilhelmsburg" im Stil des italienischen Barock. Der südli-
che Teil des Ostflügels grenzte an die Ilm, in ihm befand sich die Schloßkirche, genannt „die Himmelsburg", wo Johann Sebastian Bach als Organist wirkte. Dieses Schloß hatte ein Theater, in dem 1773 eine der ersten
deutschsprachigen Opern aufgeführt wurde, „Alceste" von Christoph
Martin Wieland, Musik Anton Schweitzer. Alle großen Bühnen Deutschlands spielten sie nach. Das Schloß fiel im Mai 1774 einem Brand zum
Opfer, den ein Blitzschlag verursachte, der Weimarer Hof mußte sich bis
1803 mit dem Fürstenhaus und anderen Provisorien behelfen.
Alle Brände überdauerte der Turm, der die Dächer weit überragt. Der
untere Teil mit seinen meterdicken Mauern stammt, wie der Torbau, noch
aus dem 15. Jahrhundert. Lediglich das gotische Spitzdach wurde 1732
durch eine Barockhaube ersetzt. Als Goethe eintraf, standen Turm und
Torhaus vor den rauchgeschwärzten Trümmern, unter dem heilen Dach
waltete das Hofmarschallamt. Im 18. Jahrhundert setzte sich für den Turm
die Bezeichnung „Bastille" durch, obwohl das Bauwerk weder äußerlich
noch in seiner Funktion Ähnlichkeit mit dem Symbol des Absolutismus
in Paris besaß.
Im Frühjahr 1789 berief Carl August die Schloßbaukommission, als deren
Mitglied Goethe maßgeblich Konzeption und Ausführung des Baus beeinflußte. Auch wenn der preußische König mit einem Kredit von 60 000
Talern aushalf, mußten wegen der prekären Finanzlage von vornherein
Abstriche gemacht werden. Goethe empfahl die besten deutschen Archi-

Das Schloß zu Weimar, die Luftaufnahme, vor dem Umbau von 1913 entstanden, zeigt die Öffnung zum Park hin und läßt die ursprüngliche Anlage als Wasserburg erkennen.

Vorhergehende
Doppelseite:
Der Schloßhof, von
der Einfahrt her
gesehen, von der
Seite, die ursprüng-
lich zum Park hin
geöffnet war. Die
Tür rechts hinten
führt zu den Kunst-
sammlungen, die
u. a. großartige
Werke von Lucas
Cranach dem Älteren
und dem Jüngeren
besitzen. Hier
gelangt man auch in
die Falken-Galerie.

tekten für klassizistische Gestaltung, den Hamburger Johann August Arens (1757–1806), aus Berlin Heinrich Gentz (1766–1811) und aus Stuttgart Nicolaus Friedrich Thouret (1767–1845). Zu Eckermann sagte Goethe, er habe, was Architektur betrifft, in Italien viel gelernt, aber der „weimarische Schloßbau hat mich vor allem gefördert. Ich mußte mit einwirken und war sogar in dem Fall, Gesimse zeichnen zu müssen. Ich tat es den Leuten vom Metier gewissermaßen zuvor, weil ich ihnen in der Intention überlegen war."

Arens gestaltete den Ostflügel, der zur Ilm steht. Aus den ehemals blockartig vorspringenden Haupttrakten schuf er durch einen Zwischenbau eine anziehende Schaufront zur Sternbrücke (auch Schloßbrücke genannt) hin. Aus dem südlichen Teil nahm man die Kirche heraus und richtete in der ersten Etage die Wohnräume der Herzogin Luise ein. Die zweite Etage des Ilmflügels bezog Carl August. Von der Sternbrücke führte eine breite Einfahrt ins Schloß.

Heinrich Gentz schuf den großzügigen Treppenaufgang zum Weißen Saal. Dieses Treppenhaus war für die Herzogin Luise ein ausgezeichnetes Ambiente, als sie 1806 Napoleon, dem Sieger von Jena und Auerstedt, entgegenging, der voller Zorn auf Carl August eintraf. Der Herzog war ja preußischer General. Nach dem Gespräch mit Luise äußerte der Kaiser jedoch: „Das ist eine Frau, der selbst unsere zweihundert Kanonen nicht imponieren."

Der Weiße Saal drückt vollendet das Stilempfinden des Hochklassizismus aus. Gentz gestaltete ihn in engster Zusammenarbeit mit Goethe, wie dessen zeichnerischem Nachlaß zu entnehmen ist. Zwei der im Saal aufgestellten Statuen sind Porträtplastiken, Musen darstellend. Die eine ist das Konterfei der Caroline Jagemann (Frau von Heygendorf), Mätresse Carl Augusts und im Theater Widersacherin Goethes, die andere ebenfalls Abbild einer Schauspielerin, Friederike Unzelmann, Bühnenrivalin der ersten. Die Bildwerke sind von Christian Friedrich Tieck (1776–1851), Bruder des Dichters Ludwig Tieck.

Der Nordflügel wurde von Arens konzipiert, ausgeführt und weitergestaltet von Gentz. Hier befindet sich das Zedernzimmer, vor allem aber die Falkengalerie, die ursprünglich den Mitgliedern des Weißen Falken-Ordens vorbehalten war. Der Raumschmuck weist darauf hin. Heute finden hier Konzerte statt. Den Flügel bezog 1804 der Erbprinz Carl Friedrich (1783–1853) mit seiner jungen Gemahlin Maria Pawlowna (1786–1859), der Schwester des Zaren. Der schönen, hochgebildeten

Großfürstin widmete Schiller seine „Huldigung der Künste". Bei der Weiterführung des Schloßbaus, nach Goethes Tod, wirkte sie eng zusammen mit dem Oberlandesbaudirektor Coudray: Der Westflügel entstand, mit den Dichterzimmern, die den Werken Goethes, Schillers, Wielands und Herders ein Denkmal eigener Art setzen. Den Entwurf für das Goethe-Zimmer lieferte Karl Friedrich Schinkel. Die anderen Zimmer gestaltete der Münchner Bernhard Neher gemeinsam mit heimischen Künstlern wie Friedrich Preller, Carl Hummel, Sixt Thon und Angelica Facius. Neben Büsten sind Fresken zu sehen, die Szenen aus den Werken der Klassiker schildern – mit Ausnahme der Sturm- und Drangperiode. Die spätromantische Wandmalerei, die in dem Raum vor diesen Zimmern zu sehen ist, stammt von Moritz von Schwind (1804–1871).

Die Schloßkapelle im südlichen Westflügel wurde 1844 von Heinrich Heß ausgestaltet. Nach Süden hin, zur Parklandschaft, ließ die klassizistische Anlage den großen Hof offen, erst 1913 ging man daran, das Geviert durch einen Zwischenbau zu schließen. Mit der Ausführung wurde dieselbe Firma betraut, die auch 1908 den Theaterneubau durchführte.

Heute haben die Nationalen Forschungs- und Gedenkstätten der Deutschen Klassik ihren Hauptsitz im Schloß, außerdem die Weimarer Kunstsammlungen; in der Atmosphäre klassizistischer Raumkunst präsentiert sich eine reiche Sammlung der Kunst des Mittelalters bis zur Neuzeit. Aus thüringischen Ortschaften ließ Goethe die Schätze mittelalterlicher Sakralkunst zusammentragen, dort war so manches wertvolle Stück nach der Säkularisation dem Vergessen und dem Verfall preisgegeben schien. Die Eindrücke, die Goethe im Münster zu Straßburg gewonnen hatte, wirkten nach. Sein Schwager, der Bibliotheksdirektor Christian August Vulpius (1762–1827) erhielt den Auftrag, die gefährdeten Kunstwerke aufzuspüren und nach Weimar zu bringen.

Anziehungspunkte der Kunstsammlungen sind die Cranachgalerie, die Italiener, die Niederländer, die deutsche Malerei des Klassizismus und der Romantik (Caspar David Friedrich, Philipp Otto Runge, Tischbein, Graff u. a.). Selbstverständlich die Vertreter der „Weimarer Malerschule": Leopold v. Kalckreuth, Christian Rohlfs, der Schillerenkel Ludwig von Gleichen-Rußwurm, Theodor Hagen und schließlich Max Liebermann. Claude Monets „Kathedrale in Rouen" und Auguste Rodins „Ehernes Zeitalter" sind zu sehen, Werke des Jugendstils, des Symbolismus und des Bauhauses: Walter Gropius, Paul Klee, Oskar Schlemmer, Johannes Itten, Wassily Kandinsky, Lyonel Feininger, Georg Muche, Gerhard Marcks

u. a. Darüber hinaus gibt es einen schönen Bestand seltener Steindrucke und Schabkunstblätter, dazu neuere Handzeichnungen und Druckgrafiken. Der Numismatiker findet eine reichhaltige Sammlung von Münzen und Medaillen. Die Kunstsammlungen überstanden den Krieg, weil sie vorsorglich ausgelagert waren. Ihr eigentliches Gebäude aber, das Landesmuseum, liegt noch immer in Trümmern.

Kurz nach Ende des Ersten Weltkriegs, als in Weimar die Nationalversammlung zusammentrat, wurde das Schloß der Großherzöge vorübergehend Regierungssitz der eben ausgerufenen Republik. Die Sozialdemokraten Ebert und Scheidemann, der Graf Brockdorff-Rantzau als Außenminister und sein Nachfolger Hermann Müller wohnten und arbeiteten hier. Fernschreiber rasselten, Telefone schrillten in den sonst stillen Räumen, Posten mit Gewehr und Stahlhelm umstanden den Bau der Klassik; man befürchtete Überfälle spartakistischer Gruppen. Eine alte Weimarerin schlug die Hände überm Kopf zusammen: „Was haben sie aus unserem stillen Städtchen gemacht! Was werden wir noch alles erleben müssen."

Der Park an der Ilm machte nicht viel her, als Goethe hier ankam. Nur in unmittelbarer Nähe des Schlosses gab es eine größere Anlage, die damals schon *Der Stern* genannt wurde. Entsprechend dem Schloßbau handelte es sich damals dabei um einen Barockgarten, der durch Zäune und Wälle abgeschirmt war, nur der Hof hatte Zutritt. Die Ausgestaltung im Sinne des Rousseauschen „Zurück zur Natur" begann unmittelbar nach einer Reise Carl Augusts und Goethes, bei der sie den Park in Wörlitz, nahe Dessau, kennengelernt hatten. Das war im Mai 1778, im Juli bereits gab das „Luisenfest", zu Ehren der Herzogin, Gelegenheit, mit der Umgestaltung zu beginnen. Goethe erinnerte sich im Alter: „... als von dieser Epoche sich die sämtlichen Anlagen auf dem linken Ufer der Ilm, wie sie auch heißen mögen, datieren und herschreiben. Die Neigung der damaligen Zeit zum Leben, Verweilen und Genießen in freier Luft ist bekannt und wie die sich daraus entwickelnde Leidenschaft, eine Gegend zu verschönern und als eine Folge von ästhetischen Bildern darzustellen ... sich nach und nach zu verbreiten angefangen habe." Er spricht von den Vorbereitungen zum Luisenfest, die Unwetter und Hochwasser fast zunichte machten, und fährt fort: „Damals führte schon vom Fürstenhause her ein etwas erhöhter Weg, den die Flut nicht erreichte, an dem linken Ufer der Ilm unter der Höhe weg; man bediente sich desselben aber nur, um an den schon eingerichteten Felsenplatz, sodann über die damalige Floß-

Gegenüberliegende Seite: Der große Treppenaufgang im Schloß wurde von Heinrich Gentz gestaltet. Goethe, der zur Schloßbaukommission gehörte, nahm auch hier lebhaft Anteil. Das Treppenhaus gehört zu den besten Beispielen klassizistischer Architektur in Deutschland. 1806 trug die Schönheit dieser Anlage vielleicht dazu bei, das Herzogtum vor der Rache Napoleons zu bewahren.

brücke . . . in den Stern zu gelangen. An dem diesseitigen Ufer stand, ein wenig weiter hinauf, eine von dem Fluß an bis an die Schießhausmauer vorgezogene Wand, wodurch der untere Raum nach der Stadt zu nebst dem Welschengarten völlig abgeschlossen war. Davor lag ein wüster, nie betretener Platz, welcher um so weniger besucht ward, als hier ein Türmchen sich an die Mauer lehnte, welches, jetzt zwar leer und unbenutzt, doch immer noch einige Apprehension (bedrückende Empfindung) gab, weil es früher dem Militär zur Aufbewahrung des Pulvers gedient hatte."

Man sieht die Wüstenei förmlich vor sich. An die Formulierung „eine Folge von ästhetischen Bildern" sollte man, wenn man beim Parkspaziergang an den wohlüberlegt angelegten Durchblicken verweilt, denken. In der Ferne kann man zum Beispiel den Kirchturm von Oberweimar erkennen. Ein Besucher hatte bereits im Mai 1800 den Eindruck, „was da Herz, Augen und Beine hat, vom Höchsten bis zum Niedrigsten, wandelt in den vielfältigen Gängen des Gartens . . . frei und ohne Zwang durcheinander. Die Natur macht an diesem Orte und an diesem Tage alles gleich, wie der römische Karneval." Die baulichen Schranken waren gefallen, die Standesschranken schienen aufgehoben.

Vom Schloß aus gelangt man zuerst zum Stern, der von der Schloßbrücke überwölbt wird. Unterhalb der Schloßbrücke und der Kegelbrücke befand sich der Floßplatz, auf dem die Stämme gestapelt wurden, die man auf der Ilm und über den Floßgraben aus dem Thüringer Wald herabgebracht hatte. Am rechten Ufer der Ilm findet man die Läutra-Quelle, deren Wasser aus großer Tiefe sprudelt, sommers und winters mit gleichbleibender Temperatur von 8,5 Grad. Die Quelle wurde 1784 ummauert und in die Parkgestaltung einbezogen, zwei Jahre später kam die Sphinxgrotte hinzu. Die Skulptur schuf Gottlieb Martin Klauer nach dem Entwurf von Georg Melchior Kraus. Im selben Jahr wurde die Sprudelquelle gestaltet, im Volksmund „Ochsenauge" genannt.

Auf der anderen Seite des Flusses sieht man das ehemalige fürstliche Reithaus, 1718 im Barockstil errichtet, 1804 mit klassizistischem Äußeren dem Schloß angeglichen. Bauhausdirektor Gropius gestaltete 1920 den Bau um, er wurde ein Ministerialgebäude. Oberhalb des Reithauses sieht man die bekannte Bibliothek und das ehemalige Fürstenhaus. Zwischen Reithaus und Bibliothek entlang gehend, auf dem von Goethe erwähnten Weg oberhalb der Ilm, gelangt man zur eigentlichen Entstehungszelle des Parks, zum Borkenhäuschen, auch Luisenkloster genannt. Man geht vorbei an der Felsentreppe, an der Naturbrücke (ehemals Floßbrücke). Es entstand

Die Floßbrücke
(Naturbrücke) und
das „Luisenkloster"
1777. Zeichnung von
Goethe.

Christiane Vulpius,
Kreidezeichnung von
Friedrich Bury, 1800.

„in dem schon damals waltenden und auch lange nachher wirkenden Mönchssinne eine sogenannte Einsiedelei, ein Zimmerchen mäßiger Größe, welches man eilig mit Stroh überdeckte und mit Moos bekleidete". Es hat später auch einmal dem jungen Herzog als Nachtquartier und als Aufenthalt nach einem Bad in der Ilm mit Freund Goethe gedient. Dem Anreger der Parkgestaltung, dem Herzog Franz von Dessau wurde ein Gedenkstein errichtet mit der Inschrift „Francisco Dessaviae Principi".

Die Ilm überquert man nahe dem Borkenhäuschen in Richtung *Goethes Gartenhaus* auf der Naturbrücke, die zuerst nur ein Steg war und Floßbrücke genannt wurde. Hier trat dem Geheimen Rat im Juli 1788 Christiane Vulpius in den Weg, um ihm eine Bittschrift zugunsten ihres Bruders Christian August zu überreichen. Der Herr, soeben aus Italien zurück, muß der hübschen Bittstellerin ein ziemlich dreistes Angebot gemacht haben und ziemlich verblüfft von ihrer Antwort gewesen sein, so daß er sie mit ernsthafterem Blick musterte. So lernte er seine Liebe kennen. Jedenfalls läßt es sich so aus dem Gedicht „Gefunden", das er ihr zum 25. Jahrestag dieser Begegnung schenkte, herauslesen:

Ich ging im Walde
So für mich hin,
Und nichts zu suchen,
Das war mein Sinn.

Im Schatten sah ich
Ein Blümchen stehn,
Wie Sterne leuchtend,
Wie Äuglein schön.

Ich wollt' es brechen,
Da sagt es fein:
Soll ich zum Welken
Gebrochen sein?

Ich grub's mit allen
Den Würzlein aus,
Zum Garten trug ich's
Am hübschen Haus.

70

Und pflanzt' es wieder
Am stillen Ort;
Nun zweigt es immer
Und blüht so fort.

Ein Blick zurück, ehe man über die Brücke geht: Durch den Kalkstein führt ein schmaler Gang im Gestein hinauf, die Felsentreppe, im Volksmund das Nadelöhr genannt. Diese Abkürzung des Weges zur Ackerwand wurde im Januar 1778 durchgebrochen; mit der Entstehung verbindet sich eine bemerkenswerte Geschichte. Zum einen ist sie bezeichnend für das „Zeitalter der Empfindsamkeit", andererseits ist sie charakteristisch für Goethes künstlerische Sensibilität, der so gar nichts von Introversion anhaftete.

Nahe der Floßbrücke wurde am 16. Januar 1778 die Leiche einer Obristentochter geborgen, offensichtlich ein Selbstmord. Sie hatte den „Werther" bei sich, der ja, Moralpaukern zufolge, schuld an einer wahren Selbstmordepidemie war. Goethe lag dergleichen „Empfindsamkeit" fern, wütend hatte er einmal erklärt, wäre Werther sein Bruder gewesen, er hätte ihn erschlagen. Dennoch, der Tod des schönen Mädchens beeindruckte ihn, die Trauer mußte in physischer Betätigung überwunden werden. Der Plan für den Durchbruch bestand bereits, Goethe ging mit seinen Dienern ans Werk. „Wir haben bis in die Nacht gearbeitet, zuletzt noch ich allein bis in ihre Todesstunde", schreibt er der Stein. „Orion stand so schön am Himmel . . . Diese einladende Trauer hat was gefährlich Anziehendes wie das Wasser selbst, und der Abglanz des Himmels, der aus beydem leuchtet, lockt uns. Gute Nacht, ich kans meinen Jungen nicht verdencken die nun nachts nur zu dreyen einen Gang hinüber wagen, eben die Saiten der Menschheit werden in ihnen angerührt, nur geben sie einen rohen Klang."

Der Felsbrocken, der quasi den Torbogen bildet, wurde viel später erst darüber gelegt. Wenige passieren das Tor im Gedenken der Hände, die es schufen, die aber auch den Federkiel so meisterlich hielten.

Einen Vorteil mochte die Felsentreppe obendrein schaffen — der Weg aus dem Garten zum Haus von Stein wurde ein bißchen kürzer.

Über die Naturbrücke gelangt man geradewegs zu Goethes Gartenhaus. Kaum ein Weimarer Gebäude ist häufiger dargestellt worden. Carl August schenkte es seinem Freund, als dieser noch kein halbes Jahr in der Residenz weilte, und verschaffte ihm damit das Bürgerrecht in der Stadt.

Die Felsentreppe im Park an der Ilm, genannt „Das Nadelöhr". Beim Durchbrechen des Kalkfelsens legte Goethe selbst Hand an. Das war 1778, im kalten Winter, der Anlaß war nicht eben fröhlich. Aber der Effekt für den Dichter und die Hofdame Charlotte von Stein vielleicht vorteilhaft.

Unbewußt vielleicht schenkte er ihm damit einen ruhenden Pol im unruhigen Dasein. Ein tolles Treiben hatte die jungen Leute einander nähergebracht, die Stein vermutete wohl zu Recht, daß Goethe da mitspielte, um dem jugendlich-übermütigen Herzog näherzukommen. Nach der Schilderung des Kammerherrn von Seckendorff teilte sich die Hofgesellschaft „in zwei Parteien, von denen die des Herzog die geräuschvolle, die andere die ruhige ist. Man läuft, jagt, schreit, peitscht, galoppiert in der ersten und, sonderbar genug, man bildet sich ein, es mit Geist zu tun." Daß Goethe sich nach einem Ruhepunkt sehnte, spricht deutlich genug aus „Wanderers Nachtlied", entstanden am 12. Februar 1776 am Ettersberg: „Ach, ich bin des Treibens müde . . ." Und Frau von Stein schrieb im Mai desselben Jahres: „In Goethes Garten habe ich schon einmal Kaffee getrunken und von seinem Spargel gegessen, den er selbst gestochen und in seinem Ziehbrunnen gewaschen hatte. In Goethes Garten ist die schönste Aussicht, die hier zu haben ist. Er liegt an einem Berg, und unten ist die Wiese, die von einem kleinen Fluß durchschlungen wird."

Goethe bewohnte das Gartenhaus bis 1782 und behielt es als Zufluchtsort, nicht nur vor dem „pochenden Kobold" am Frauenplan. Hier fand er immer wieder die so dringend notwendige Sammlung und Gelöstheit. Das bekannte Gedicht „An den Mond" entstand hier: „Lösest endlich auch einmal meine Seele ganz", in der ruhigen Gewißheit, einen Ort zu haben, wo man sich „ohne Haß vor der Welt verschließt".

Der neue Besitz stellte Anforderungen an Goethes praktischen Sinn. Haus und Garten waren in keinem guten Zustand, es gab viel zu tun. „Wilhelm Meisters Theatralische Sendung", die Prosa-„Iphigenie" und der „Tasso" wurden hier begonnen, zwischendurch zeichnete er Rasenbänke und entwarf einen englischen Garten, ließ Hecken anlegen, aus Frankfurt exotische Baumsetzlinge kommen, besorgte aus der Umgebung junge Fichten und Buchen. Das Tal vor seinen Fenstern forderte seine Produktivität heraus, 1778 schrieb er an Merck: „In meinem Tal wird's immer schöner, das heißt, es wird mir näher und anderen und mir genießbarer, da ich die vernachlässigten Plätzchen alle mit Händen der Liebe poliere und putze, und jederzeit mit größter Sorgfalt die Figuren der Kunst der lieben . . . Natur zu befestigen und zu decken übergebe."

Wesentliche Impulse brachte das neue Domizil für seine naturwissenschaftlichen Interessen, weil „außer anderen unschätzbaren Vorteilen mich der Gewinn beglückte, Stuben- und Stadtluft mit Land-, Wald- und Gartenatmosphäre zu vertauschen".

Figuren der Kunst, der Natur übergeben, finden wir im Garten. Der Stein des guten Glücks wurde 1777 aufgestellt, der Kubus symbolisiert die Individualität, das dem Menschen Eigene, die Kugel stellt die Gunst der Zeit dar, das Glück. Der Schlangenstein von Gottlieb Martin Klauer stand zuerst am linken Ilmufer, dort befindet sich jetzt eine Nachbildung. Genius huius loci − dem Schutzgeist dieses Ortes, lautet die Inschrift. Seit der Antike gilt die Schlange als Symbol der Fruchtbarkeit, des Schöpfertums, aber auch der Heilkunst.

Außerhalb des Gartens (in Richtung Schloßbrücke) steht das Euphrosyne-Denkmal, das auf Wunsch und nach den Anregungen Goethes entstand, es ist dem Andenken der jung verstorbenen Schauspielerin Christiane Becker-Neumann (1778−1797) gewidmet, die er zuletzt als Euphrosyne in der Oper von Joseph Weigel sah. Es handelt sich hier um eine Kopie des Monuments, gestiftet von dem Dramatiker Ernst von Wildenbruch.

Neue Bedeutung gewann das bescheidene Haus samt Garten für Goethe nach seiner Italienreise, die die Entscheidung gebracht hatte, künftig nur für die Kunst, nicht für die Politik zu leben. Das Anwesen wurde zum Refugium der zunächst geheimgehaltenen Liebe des zu „ewiger Verbannung" Heimgekehrten zu Christiane. Die Hofgesellschaft rümpfte die Nase über die „unmögliche" Liaison, allen voran die gekränkte Charlotte von Stein. Er reagierte nicht eben gelassen, wies die Gekränkte zurück: „Wer wird dadurch verkürzt? Wer macht Anspruch auf die Empfindungen, die ich dem armen Geschöpf gönne? Wer an die Stunden, die ich mit ihr zubringe?" Die gute Charlotte mußte sogar die Ermahnung hinnehmen, sie möge endlich das viele Kaffeetrinken lassen, das nur Hypochondrie bewirke. Christiane wurde zur nicht namentlich genannten Zentralfigur der „Römischen Elegien". Ihr „Leib mit allen seinen Prachten" erfreute ihn des Tags, beglückte ihn des Nachts. An Carl August schrieb er fröhlich:

Indes macht draußen vor dem Tor,
Wo allerliebste Kätzchen blühen,
Durch alle zwölf Kategorien
Mir Amor seine Späße vor.

Der „untere Garten", wie Goethe das Anwesen nannte, als er am Frauenplan auch einen Garten besaß, blieb sein bevorzugter Aufenthaltsort bis ins hohe Alter. So sehr er es genoß, im geräumigen Wohnhaus seine Sammlungen von Kunstgegenständen und Mineralien, seine wissenschaftlichen

Folgende Doppelseite:
Im Ilmtal, das zum Park gestaltet wurde, liegt Goethes Gartenhaus mit dem hohen Schindeldach und dem Weinspalier. Hier wohnte der junge Dichter mit seinem Diener Philipp Seidel, hier verlebte er frohe Stunden mit Charlotte, die ebensolche Stunden später der armen Christiane nicht gönnen mochte. Bis zu seinem Tod fuhr Goethe gerne hierher.

Apparaturen und seine Bibliothek um sich zu haben, er kam immer wieder hierher und empfing stets neue Anregung. Im Mai 1827 berichtete er Zelter: „. . . daß ich ganz unschuldigerweise in meinen unteren Garten fuhr, ohne auch nur einen Gedanken, als daselbst eine freundliche Stunde zu verweilen. Nun gefiel es mir daselbst so wohl, daß ich blieb ohne bleiben zu wollen und heute am Himmelfahrtsfeste mich noch hier befinde, diese Tage her immer tätig und ich hoffe andern wie mir erfreulich. Der zweyte Theil der ‚Wanderjahre' ist abgeschlossen . . .", und am „Faust" ging es weiter!

1830 ließ er noch ein neues Gartentor errichten und vor der Haustür zum Hang hin Platz schaffen für ein Mosaik von Kieselsteinen, die ihm der Wegebau-Direktor Götze, sein ehemaliger Diener und treuer Begleiter im Frankreichfeldzug, besorgte. Oberbaudirektor Coudray half beim Entwurf. Unter dem 19. Februar 1832 vermerkt Goethes Tagebuch: „In den unteren Garten gefahren. Einige Stunden geblieben." Vier Wochen danach starb er.

Übermütig sieht's nicht aus,
Hohes Dach und niedres Haus;
Allen die daselbst verkehrt
Ward ein guter Mut beschert.
Schlanker Bäume grüner Flor,
Selbstgepflanzter wuchs empor.
Geistig ging zugleich alldort
Schaffen, Hegen, Wachsen fort.

Benachbart, höher am Hang, steht das Pogwischhaus. Es gehörte seit 1806 der Gräfin von Donnersmarck, Oberhofmeisterin, Großmutter der Ottilie von Pogwisch, die August von Goethe heiratete. Der Geheime Rat bekam familiär-standesgemäße Nachbarschaft. Voreigentümer war der Amtskollege Goethes im Geheimen Conseil, Johann Christoph Schmidt (1727–1807). Ihm galt Schillers Mitgefühl im Brief an Körner, 1787. Tatsächlich mußte Schmidt, als Goethe in Italien weilte, etliche Aufgaben für ihn miterledigen, und stieg infolgedessen zum Kammerpräsidenten (Finanzminister) auf. In der Schloßbaukommission arbeiteten die Gartennachbarn recht gut zusammen. Im Pogwischhaus waren Goethes Enkel als Kinder wie auch als Erwachsene häufig zu Gast.

Im Tal verläuft fast schnurgerade eine schmale Fahrstraße, der Corona

Schröter-Weg. Sie führt nach Oberweimar, am oberen Ende des Parks. Wenn man aus dem Gartentor tritt, wendet man sich nach links und findet einen Weg, der durch die Wiesen zur Duxbrücke führt. Der Name weist auf den ehemaligen Besitzer der Wiesen hin. Carl August hatte sie ihm abgekauft. 1819 entstand mit der Brücke eine direkte Verbindung zwischen Goethes Garten und dem *Römischen Haus*. Lange bevor es das Römische Haus gab, ließ Goethe am Philosophenweg eine Steintafel mit seinem Epigramm „Einsamkeit" anbringen. Jetzt führt neben der Tafel eine schmale Treppe aufwärts.

Das Römische Haus, das erste klassizistische Bauwerk von Bedeutung in Weimar, entstand 1792 bis 1797 als Sommersitz des Herzogs. Es sollte den Eindruck erwecken, da erhebe sich ein altrömisches Landhaus auf den Resten eines größeren antiken Bauwerks. Italienische Impressionen Goethes wie Carl Augusts nahmen hier Gestalt an. In seiner Abwesenheit überließ der Herzog dem Freund die Baubeaufsichtigung: „. . . als wenn Du für Dich bautest, unsere Bedürfnisse waren immer einander ähnlich." Architekt war der Hamburger Johann August Arens, den Goethe in Rom kennengelernt hatte. Sie entwarfen gemeinsam, berieten mit den Künstlern, die an der Ausgestaltung mitwirkten: Gottlieb Martin Klauer, Johann Heinrich Meyer, Georg Melchior Kraus, Johann Peter Kaufmann.

Zur Ilmwiese hin zeigt sich ein kompakter Unterbau, getragen von dorischen Säulen am Steilhang. Zwischen den Säulen eine steinerne Wanne, in der ein Springbrunnen sprudelte, an Wänden und Decken Fresken zur antiken Mythologie von Johann Heinrich Meyer (Kunschtmeyer). Im Erdgeschoß befanden sich Küche, Weinkeller und Dienerkammer.

Auf der oberen Parkebene das Eingangsportal, vier ionische Säulen tragen den antikisierenden Giebelfries, der zuerst von Klauer gestaltet wurde. Dieser hielt aber Wind und Wetter nicht lange stand; dieses Stuckrelief ist das Werk von Johann Peter Kaufmann, entstanden 1819. Ein Genius waltet schützend über Kunst, Wissenschaft, Gartenbau und Ackerkultur. Im Innern ein kleiner Saal, von einer Kuppel überwölbt. Carl August, der 1828 bei Torgau verstarb, wurde hier aufgebahrt.

Der bescheidene und harmonische Bau beherrscht diesen Teil der Parklandschaft, indem er sich einfügt. Ein schönes Symbol der Freundschaft zweier Männer, die grundverschieden und noch im Streit einander zugetan waren.

Am Hang gegenüber erkennt man eine große Freitreppe. Sie gehörte zum

Das Römische Haus
im Park an der Ilm.
Goethe-Zeichnung
um 1795. Die Ein-
drücke aus Italien
wirken deutlich nach.

Garten der Geliebten Carl Augusts, Caroline Jagemann (Frau von Heygen-dorf). Die Anlage stammt aus dem Jahre 1840, die alte Dame mag in weh-mütiger Erinnerung herübergeschaut haben, denn im Römischen Haus begann ihre Verbindung mit Carl August.

Die gesamte Felspartie unterhalb des Römischen Hauses, entlang am Phi-losophenweg, ist die Kalte Küche. In den vor Sonnenwärme geschützten Grotten wurden Wildbret, Gemüse und Getränke aufbewahrt. Etliche der Grotten wurden im Sinne romantisierender Ideen ausgestaltet, die sich hier mit klassizistischen trafen. So findet man nahe beim Römischen Haus die Grotte mit dem Löwenkämpferportal. Goethe ließ aus Thalbürgel zwei schöne romanische Säulen herbeischaffen, die nun den Eingang flankie-ren. Johann Peter Kaufmann schuf das Relief des Löwenkämpfers.

Das Römische Haus steht am Hang, hier die obere Ebene, der Eingang mit den ionischen Säulen und dem Giebelrelief.

Wenn man auf der oberen Parkebene zurückgeht, gelangt man zum Denk-mal des ungarischen Nationaldichters Sandor Petöfi (1823−1849). Diese Büste, wie auch die für Alexander Puschkin (1799−1837) − am Park neben der Bibliothek − und die des polnischen Nationaldichters Adam Mickiewicz (1799−1855) − hinter dem Schloß − sind als Erinnerung an die Kulturleistung anderer Völker gedacht, ganz im Sinne Goethescher Weltoffenheit.

Das Denkmal für Franz Liszt (1811−1886) wurde 1902 enthüllt. Hermann Hahn schuf es im Auftrag der Liszt-Stiftung, es steht in der Nähe der letz-ten Wohn- und Arbeitsstätte Liszts in Weimar.

Die ehemalige Hofgärtnerei, heute Liszt-Museum, wurde 1869 auf Geheiß des Hofes für den Meister hergerichtet, weil dessen Wohnung in der Altenburg nicht mehr zur Verfügung stand.

Seit Ende der 60er Jahre lebte der Komponist in Rom, Budapest und Wei-mar. Wenn er in diesem Hause weilte, wurde es zu einem Mekka für junge Musiker aus aller Welt. Er unterwies sie im Klavierspiel und ließ, wie Alexander Borodin berichtet, „viel Wärme, Zartheit, Milde, Menschlich-keit, Schlichtheit und Güte walten". In Anwesenheit des Großherzogs Karl Alexander und seiner Gemahlin Sophie gab Liszt seine Sonntagsmatineen, seine Anhängerschar saß auf den Treppen bis hinunter in den Garten. Leb-haften Anteil nahm er an der Weimarer Orchesterschule, die auf seine Anregung 1872 durch Carl Müllerhartung (1834−1908) gegründet wurde. Aus dieser entwickelte sich die Franz-Liszt-Hochschule.

Nahe dem Liszt-Haus und dem modernen Mensabau fällt eine gotisch anmutende Ruine auf, das Tempelherrenhaus. Der Bau gehörte einst zum „Welschen Garten", einer abgeschlossenen Barockanlage in französischem

Franz Liszt in sei-
nem Arbeitszimmer.
Foto von Louis Held,
1884. Der Raum im
Liszt-Haus ist genau
so erhalten.

Feruccio Busoni während seiner Meisterkurse 1901/02 im Tempelherrenhaus.

Vorhergehende Doppelseite: Park an der Ilm, oberhalb des Steilufers. Rechts ein Stück der künstlich aus Resten der „Schießmauer" und Schuttsteinen vom Schloßbrand gestalteten Ruine. Im Hintergrund ein Rest des Tempelherrenhauses, das zur Ruine gebombt wurde.

Stil. Carl August ließ das Gelände in die Parkgestaltung einbeziehen, der neugotische Bau erhielt zur Zierde vier Tempelherrenfiguren, die Klauer schuf, und wurde ein Tee- und Gesellschaftshaus. Liszt spielte hier das Harmonium, sein Schüler Feruccio Busoni (1866–1924), selbst schon ein Meister, hielt hier Klavierkurse ab. Den Künstlern des Staatlichen Bauhauses diente es als Atelier. Im Zweiten Weltkrieg wurde es durch Bomben zerstört, nur der Turm von 1818 blieb erhalten.

Eine künstlerisch erschaffene Ruine findet man oberhalb des Borkenhäuschens, ein Stück Romantik in klassizistischer Umgebung. Nach Vorgaben Goethes wurde sie 1784 aus einem Teil der ehemaligen „Schießmauer" und Bruchsteinen des abgebrannten Schlosses errichtet. Sie bildet eine Kulisse für das Shakespearedenkmal, das 1904 im Auftrag der Shakespeare-Gesellschaft entstand. Am unteren Parkweg der ursprüngliche Standort des Schlangensteins, der heute in Goethes Garten steht. Dieser Stein ist eine Kopie.

Der Park, den wir vom Schloß aus betreten haben, wird am anderen Ende vom Ortsteil Oberweimar begrenzt. Dort findet man Reste eines Zisterzienserinnenklosters, die gotische *Klosterkirche St. Peter und Paul* ist erhalten. Ein sehr schönes Portal von 1360 sowie der Doppelgrabstein des Grafen Friedrich von Orlamünde (1365) und ein Flügelaltar von Veit Thiem, Schüler Lucas Cranachs d. J., sind Kostbarkeiten an und in diesem Sakralbau, dessen Inneres durch ergreifende Schlichtheit beeindruckt.

Ganz in der Nähe das erste Bienenmuseum Deutschlands, 1907 vom Pfarrer Ferdinand Gerstung (1860–1927) gegründet. Der Landgasthof Goldener Schwan, unmittelbar an der Ilm gelegen, zuvor das „Posecksche Haus", wurde Heimstatt dieses Museums, das als Pendant zur Klassik-Umgebung auf eigene Weise interessant wird. Es wurde, arg vernachlässigt, 1973 geschlossen, seit 1983 wieder aufgebaut. In jüngster Zeit finden hier kulturelle Veranstaltungen statt.

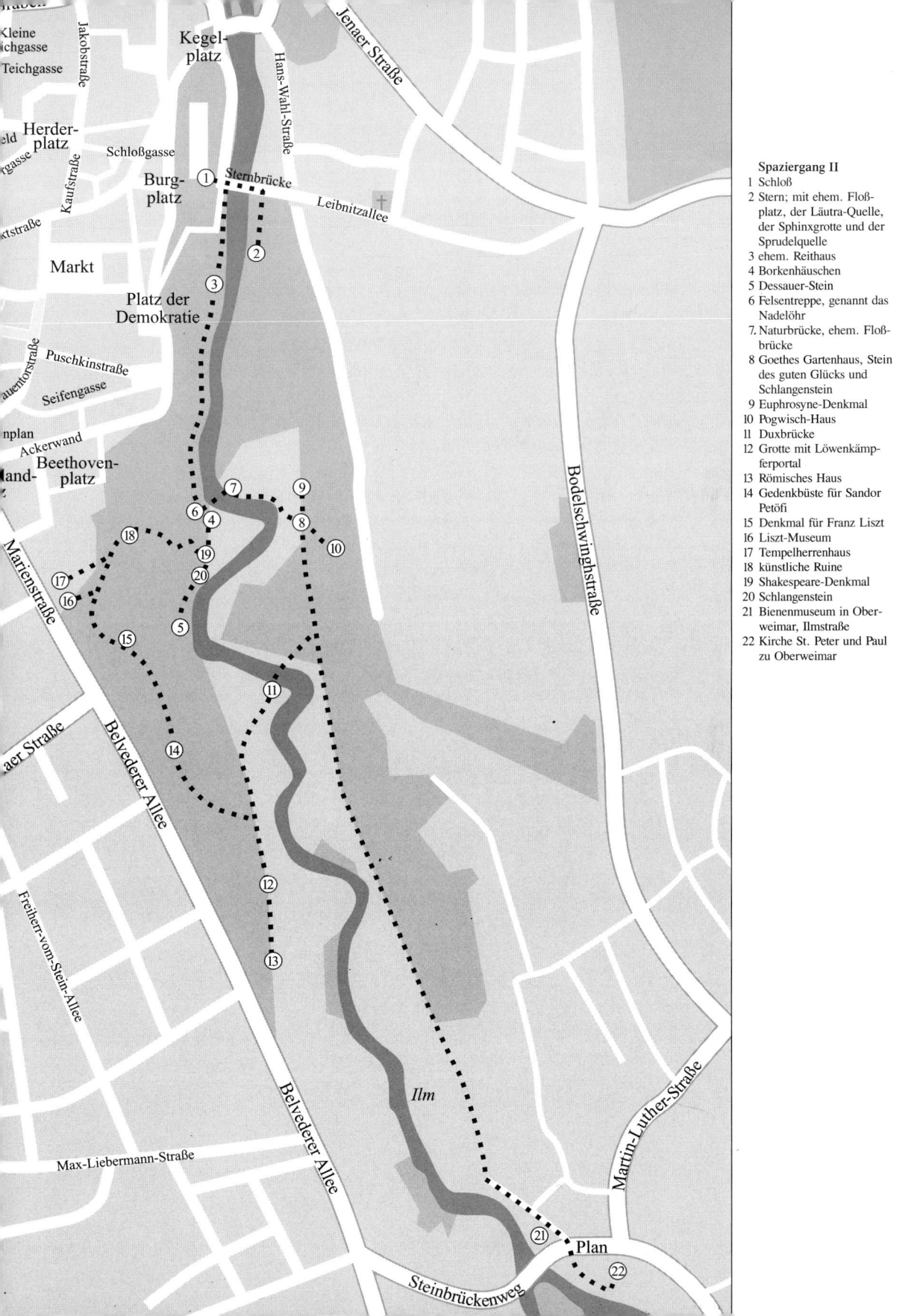

Kleine
ichgasse
Teichgasse

Jakobstraße

Kegel-
platz

Jenaer Straße

Hans-Wahl-Straße

Herder-
platz
eld
gasse
Kaufstraße
Schloßgasse
Burg-
platz
Sternbrücke
Leibnitzallee

Markt

Platz der
Demokratie

Puschkinstraße
auentorstraße
Seifengasse
nplan
Ackerwand
Beethoven-
platz
land-

Marienstraße

aer Straße

Belvederer Allee

Freiherr-von-Stein-Allee

Belvederer Allee

Max-Liebermann-Straße

Ilm

Bodelschwinghstraße

Martin-Luther-Straße

Plan

Steinbrückenweg

① ② ③ ④ ⑤ ⑥ ⑦ ⑧ ⑨ ⑩ ⑪ ⑫ ⑬ ⑭ ⑮ ⑯ ⑰ ⑱ ⑲ ⑳ ㉑ ㉒

Spaziergang III: Vom alten Stadtkern zur Carl-August-Allee

Burgplatz − Schloßgasse −Kaufstraße − Herderplatz − Jakobstraße − Luthergasse − Am Jakobsfriedhof − Liebknechtstraße − Schwanseepark − Carl-August-Allee/Landesmuseum

Gegenüberliegende Seite: Der alte, goldgekrönte Schloßturm mit dem noch älteren Torhaus, das aus unerfindlichen Gründen „Die Bastille" heißt. Das Tor wurde 1550 gebaut, kunstvolle Steinmetzarbeit rahmt das fürstliche Wappenschild.

Den *Burgplatz* flankieren zwei Bauten, das im ersten Spaziergang erwähnte Torhaus und die Neue Wache. Der klassizistische Bau, 1836 von Clemens Wenzel Coudray entworfen, schließt an das Renaissanceschloß (Rotes Schloß) an. Der Ildefonsobrunnen an der Außenwand entstand nach Goethes Anregung. Im Goethehaus findet man einen Gipsabguß der Figurengruppe, nach einer antiken Kopie der Originalskulptur, die im 5. Jahrhundert v. Chr. geschaffen wurde. Es ist die allegorische Darstellung der Brüder Schlaf und Tod.

Das benachbarte Café Resi (Residenzcafé) wurde 1835 gebaut. Bei großer Kälte wurde von hier die Wachmannschaft mit Warmbier versorgt. Während des Nationalsozialismus war es Parteilokal, heute ist es ein beliebter Studententreffpunkt. Gleich nebenan, Burgplatz Nr. 1, mietete sich Goethe beim Hofkassierer König ein, von März 1776 bis Ostern 1777. Es ist jungen Leuten zu danken, daß dieses kulturhistorisch bedeutsame Haus vor dem endgültigen Verfall bewahrt wurde. Sie richteten hier das A C C (Alternatives Cultur-Centrum) mit der Galerie „Goethe trifft Nina" ein. Das Haus Burgplatz Nr. 3 gehörte dem Bankier Elkan (1780−1839), zu dessen Kunden der Herzog und Goethe gehörten. Zwischen dem Elkanhaus und Burgplatz Nr. 2 biegt man ein in die leicht ansteigende *Schloßgasse*. In der Nr. 6 wohnte August von Kotzebue (1761−1819), Sohn eines weimarischen Beamten, meistgespielter Bühnenautor seiner Zeit, der es in einem bewegten Leben zu einem Adelstitel und zum russischen Staatsrat brachte. Vom Durchschnittspublikum geliebt, von patriotischen Studenten als Spion des Zaren verachtet, fiel er in Mannheim einem Attentat zum Opfer. Goethe öffnete ihm die Bühne des Hoftheaters, wurde aber von ihm angefeindet, Schiller dafür (vergeblich) hofiert. Ein Zeitgenosse notierte, Goethe habe eine Karikatur vorgeschlagen, wie er selbst mit Gleichgesinnten zwischen den Säulen der Propyläen wandelt, unten läßt Kotzebue die Hosen herunter und sagt hinaufblickend: Ach könnt ich doch nur dort hinein, gleich sollt's voll Stank und Unrat sein!

Zeitgenössische Karikatur. Kotzebue ruft Goethe und Schiller zu:„Ich sei, gewährt mir die Bitte, in Eurem Bunde der Dritte!"

Die Nr. 4 ist das Haus mit der Palme. Das Wappen über dem Eingang zeigt das Symbol der Fruchtbarkeit und des Friedens. Wegen dieses Wahrzeichens brachte man das Haus mit der „Fruchtbringenden Gesellschaft", die im 17. Jahrhundert zur Pflege der deutschen Sprache gegründet wurde,

Johann Gottfried
Herder. Nach
einem Gemälde von
Anton Graff, 1785.

in Verbindung. Es war nie Sitz dieser Gesellschaft, wohl aber des Oberkonsistoriums, das 1776 Herder übernahm.

Gegenüber dem oberen Ende der Schloßgasse, Ecke *Kaufstraße,* erblickt man ein Fachwerkhaus, das zu den schönsten der Stadt zählt. Es wird 1542 erstmals erwähnt, als Besitz des Waids- und Tuchhändlers Nicolaus Burser. Durch die Kaufstraße kommt man zum *Herderplatz.* Vor der Kirche St. Peter und Paul steht das Denkmal für Johann Gottfried Herder (1744–1803), der in der Stadtkirche predigte. Der Bildhauer Ludwig Schaller stellte ihn als aufrechten Mann voller Würde und Ernst dar. Der Mantel gleicht einer römischen Toga, die am Leib anliegenden Arme geben dem Mann etwas Verschlossenes, zugleich verrät die Stellung der Füße Regsamkeit und auch den Mut, konventionelle Grenzen zu übertreten. Die Inschrift „Von Deutschen aller Lande" weist auf die Situation im Jahre 1850 hin, als das Scheitern der Revolution Deutschlands Zerrissenheit vorerst festgeschrieben hatte. Wenn man sich die Flucht Wagners aus Dresden vergegenwärtigt, kann man ermessen, was es bedeutete, daß Liszt in jenen Tagen Texte Herders für eine Aufführung vertont und der Großherzog das Theater zur Verfügung gestellt hat.

Herder kam durch Goethes Vermittlung nach Weimar. Der jüngere Dichter hatte den bereits weithin bekannten Theologen und Schriftsteller in Straßburg kennengelernt. Damals blickte er noch zu ihm auf. Hier nun überflügelte der Jüngere Herder, und der besaß wohl nicht die Konzilianz, mit der Wieland Goethe begegnete. Der Satz „Es ist verflucht, wenn so ein junger Hund neben einem aufwächst, von dem man an allen Gliedern spürt, daß er einem übern Kopf wachsen wird" war zwar nicht auf Goethe gemünzt, umreißt aber besser als alle psychologisierende Erklärung das Verhältnis Herders zu Goethe. Beide haben die Idee des weltumspannenden Humanismus entwickelt und vertreten, als die guten Deutschen eben erst im Begriff waren, ihr Nationalgefühl zu entdecken. Der im ostpreußischen Mohrungen geborene Herder erlebte in Kindheit und Jugend das Wesen seines Volkstums um so nachhaltiger, als er ringsum das polnische, litauische und russische gleichermaßen erfuhr. Er überwand die Aufklärung, indem er den Sinn für das Volkstümliche in Sprache und Geschichte wiedererweckte. Das teilte sich dem jungen Goethe mit, der erst durch ihn auf Shakespeare aufmerksam wurde. Herder nahm in Weimar eine hochgeachtete Stellung ein, vermochte aber nicht, im Bunde Goethe-Schiller der Dritte zu sein. Es kam schließlich sogar zur Entfremdung.

Der neue Superintendent in Weimar trat in ungewohnter Weise auf, er trug zum Beispiel nicht ausschließlich schwarze Kleidung, verschmähte die Perücke, besuchte das Theater, lief Schlittschuh und ritt scharf. Alte schüttelten den Kopf, Junge äußerten Sympathie und Achtung für ihn. Zeitzeugen zufolge hinterließ er als Prediger nachhaltigen Eindruck. Ganz ruhig, ohne viele Gesten stand er auf der Kanzel und ließ mit seiner Baß-stimme Gedanken und Ermahnungen wie in vernünftigem Selbstgespräch strömen; aus seiner Gemeinde versäumte keiner ohne schwerwiegenden Grund den Kirchgang. Schiller bekannte, daß ihm nie eine Predigt so gefallen habe wie die Herders.

Daß die Stadtkirche allgemein Herderkirche genannt wird, ist sicher kei-neswegs in Herders Sinn, der für solche Art von Verweltlichung kein Ver-ständnis aufgebracht hätte. Der Herderplatz war der „Töpfenmarkt" und bis etwa 1300 der eigentliche Markt der Stadt. Hier stand eine romanische Kirche, vom Deutschritterorden errichtet, 1498/1500 gotisch, im 18. Jahr-hundert barock umgebaut. Hauptblickpunkt im Kirchenschiff ist das drei-flügelige Altargemälde von Lucas Cranach d. Ä., das von seinem Sohn vollendet wurde. Auf der Mitteltafel das Kreuzigungsthema, links vom Kruzifix der auferstandene Christus, Sieger über Tod und Teufel, rechts stehen Johannes der Täufer, Cranach selbst und Luther. Auf den Seitenflü-geln ist die Fürstenfamilie dargestellt. Kunstvolle Grabplatten bedecken die fürstlichen Ruhestätten, 1807 wurde Anna Amalia als letzte Angehö-rige des Hofes hier beigesetzt. Herders Grabplatte trägt seinen Wahlspruch „Licht, Liebe, Leben". Große Namen sind mit der Geschichte dieser Kir-che verbunden. Martin Luther predigte mehrmals hier, Johann Gottfried Walther war hier Stadt-Organist und erlaubte seinem Vetter Johann Seba-stian Bach, die Orgel zu spielen; der Katholik Liszt trug hier seine Kom-positionen vor, Glaubensschranken überwindend.

Links hinter der Kirche steht Herders Wohnhaus. Der ursprüngliche Renaissancebau wurde 1726 barock umgestaltet. Eine Besichtigung ist nicht möglich, nach wie vor befindet sich hier die Dienstwohnung des Superintendenten. Ein kleines Herdermuseum findet man in der Jakob-straße 10. Hier, im Schatten der Kirche, lebte Herder mit seiner Frau Caroline, geb. Flachsland, und den Söhnen 27 wechselvolle Jahre lang. Hier schrieb er die „Ideen zu einer Philosophie der Geschichte der Menschheit", verfaßte die „Stimmen der Völker in Liedern", der Begriff Volkslied stammt von ihm. In den „Briefen zur Beförderung der Humani-tät" bekannte er: „Meine große Friedensfrau hat nur einen Namen: sie heißt allgemeine Billigkeit, Menschlichkeit, thätige Vernunft."

Folgende Doppelseite: Blick vom Goethe- und Schiller-Archiv aus zur Stadtkirche Peter und Paul, genannt „Herder-Kirche".

Herders Wohnhaus hinter der Kirche St. Peter und Paul. Steindruck von G. Lobe, undatiert. Herder klagte oft über die düstere Lage seines Domizils, blieb aber doch dort wohnen. Es war schließlich eine Dienstwohnung.

Franz von Dingelstedt hatte 1850 Gelegenheit, das noch erhaltene Arbeitszimmer Herders zu sehen. „Am Fenster, das in den Hof geht, steht ein Schreibpult, morsch, wackelig und nieder, die Handbibel, mit goldenem Schnitt, auf dem Deckel die Chiffre J. G. H. liegt da . . . Endlich ein paar Federn, . . . starke, dicke Kiele, scharf geschnitten, ohne Fahne, der scharfen Handschrift entsprechend, die wir von ihm kennen . . . und ein viel gebrauchtes Kaffeebrett. Alles unendlich einfach, für ein modernes Auge beinahe ärmlich zu nennen."

Im Schulwesen, das ihm unterstand, hat Herder manche Besserung durchsetzen können, ohne Goethes Unterstützung zu finden. Den interessierte dieses Metier nicht. Rechts hinter der Kirche steht das alte Gymnasium. Davor der sogenannte Herder-Brunnen. Die Barockfassade mit der Freitreppe stammt aus dem Eröffnungsjahr 1716. Es ist jedoch schon im 16. Jahrhundert ein Schulhaus an dieser Stelle nachgewiesen. Zu Herders und Goethes Zeiten unterrichteten hier Johann Karl August Musäus, der Märchendichter, Karl August Böttiger, dessen Tagebuch Klatsch und Tatsachen aus Goethes Leben überliefert, Heinrich Voß, dessen Vater von Goethe als Homer-Experte hochgeschätzt war, Wilhelm Riemer, lange Jahre Goethes Sekretär und Mitarbeiter.

An der oberen Schmalseite des Platzes bilden zwei einmündende Straßen einen spitzen Winkel, in dem ein altes, nicht sehr großes Gebäude steht. Es ist der Sächsische Hof. Bei seiner Ankunft in Weimar nahm Goethe hier Logis beim Kammerpräsidenten von Kalb, der ihn von Heidelberg abgeholt hatte. Dem passierte ein Mißgeschick, wie es in diesen Zeiten geschehen konnte, wenn die Stadtordnung verletzt wurde. Er konnte nicht zu einem Empfang gehen, weil ein Nachtgeschirr auf ihn herab entleert wurde. Straßenbeleuchtung gab es nicht, das durchaus übliche Auskippen der Töpfe war erst nach elf Uhr abends gestattet.

Damals hieß das Gebäude „Schwarzburger Hof", weil es dem Grafen von Schwarzburg gehört hatte. Erstmals urkundlich erwähnt wird es als Besitztum des Deutschritterordens. Der Renaissancegiebel stammt aus dem 16. Jahrhundert. 1810 richtete der ehemalige Mundkoch Anna Amalias, ein Franzose, in dem Haus eine Gaststätte ein, die er „Hotel de Saxe" nannte. 1871 erzwang der Zeitgeist die Eindeutschung, es wurde der Sächsische Hof daraus. Goethe nutzte dieses Quartier bis März 1776, dann zog er zum Burgplatz um.

Die untere Schmalseite des Platzes beherrscht ein besonders schöner Renaissancegiebel, der von einer goldenen Ritterfigur gekrönt wird. Es

93

Caroline Jagemann,
Frau von Heygen-
dorf, neben der
Büste Carl Augusts.
Gemälde von Ehre-
gott Grünler.

heißt das Deutschritterhaus, obgleich nicht nachgewiesen ist, daß der Orden es je besaß. Im Erdgeschoß bezeugen alte Kreuzgewölbe, daß es sich um einen ursprünglich gotischen Bau handelt. Dieses Haus machte Carl August 1808 seiner Mätresse zum Geschenk, im Jahr darauf erhob er Caroline Jagemann (1777–1848) in den Adelsstand. Als Freifrau von Heygendorf stand sie noch zwanzig Jahre auf der Bühne. Sie trug kostbare Kostüme und wertvollen Schmuck, es sollen bis zu 5000 Taler an ihr gefunkelt haben. Nach Goethes Rücktritt von der Theaterleitung, ein Resultat ihrer einfallsreichen Intrige, herrschte sie unumschränkt im Hoftheater. Ein Bassist war ihr so ergeben, daß er sogar den Herzog bei ihr vertreten durfte. Sie war sich ihrer Position so sicher, daß sie es wagen konnte, aus einem Fenster ihres Hauses zu schauen und dem Herzog entgegenzurufen: Na, August, kommst du endlich!

Ihr darstellerisches Talent schätzte Goethe sehr hoch: „Sie war auf den Brettern wie geboren und gleich in allem sicher und entschieden, gewandt und fertig wie die Ente auf dem Wasser. Sie bedurfte meiner Lehre nicht, sie tat instinktmäßig das Rechte, vielleicht ohne es selber zu wissen."

Nach Carl Augusts Tod trat sie von der Bühne ab.

Seit Mitte des 19. Jahrhunderts etablierten sich Gaststätten in dem Haus. Links führt die Vorwerksgasse hinab, dort in der Nr. 4 wohnte kurze Zeit der Vormärz-Dichter Ferdinand Freiligrath, der in Briefen Merkwürdigkeiten des nachklassischen Weimar köstlich aufs Korn nimmt. Rechter Hand ist die Mostgasse, die einst Mistgasse hieß, was Frau von Heygendorf sehr mißfiel. Ihr zuliebe wechselte der Magistrat den Vokal aus.

Vom Herderplatz aus links am Gymnasium vorbei beginnt die *Jakobstraße*. Das Haus Nr. 10, urkundlich schon 1532 erwähnt, ist bekannt als Kirms-Krackow-Haus. Anfang des 18. Jahrhunderts erwarb es die Beamtenfamilie Kirms, zu Goethes Zeit wohnten darin die Brüder Karl und Franz Kirms. Franz Kirms war, von Goethe sehr geschätzt, der Herr über die Theaterfinanzen. Dank der Sorgsamkeit einer Nichte der Kirms, Charlotte Krackow, die Haus, Hof und Garten erbte und bewahrte, ist heute hier ein seltenes Museum bürgerlicher Wohnkultur der ersten Hälfte des 19. Jahrhunderts zu besichtigen. Im zweiten Stock das schon erwähnte Herdermuseum, im Erdgeschoß eine Gedenkstätte für Johannes Falk (1768–1826), Schriftsteller und Sozialpädagoge, Helfer und Retter in Kriegsnot, Begründer der Sozialfürsorge in Deutschland – und Verfasser des Liedes „O du fröhliche . . .". Bemerkenswert der schöne Innenhof mit der Pumpe. Ein eigener Wasserspender war seinerzeit ein Zeichen großen Wohlstands.

Wenn man aus dem Haus tritt, wendet man sich rechts sogleich in die enge *Luthergasse*. 1532 wurde ein Freund Luthers mit dem Haus belehnt, Johann Burgkardt, Bruder des Kanzlers. Es gilt als sicher, daß Martin Luther, der nach 1531 zweimal in Weimar weilte, hier Quartier nahm, Lutherhof heißt das Haus wohl zu Recht.

Von 1773 bis 1777 wohnte Wieland hier, 1821 zog Johannes Falk mit seinen Zöglingen ein, meist elternlose Knaben, und baute den kriegsbeschädigten und halbverfallenen Lutherhof mit ihnen wieder auf. Im Winkel hinter dem Knick der Gasse steht noch das Häuschen der Familie Vulpius, in dem Christiane zur Welt kam und aufwuchs. Nachbar war der herzogliche Bibliothekar Jagemann, Vater von Caroline, sein Sohn Ferdinand brachte es als Maler zu Ansehen.

Die Jakobstraße weiter, über die Straße Der Graben hinweg, kommt man zur Jakobskirche mit dem zugehörigen Friedhof. Die Kirche stand bereits im 12. Jahrhundert, sie wurde 1712 durch einen Neubau ersetzt. Im Mauerwerk ist ein Stein eingefügt, der die Gründungsurkunde von 1168 darstellt. Nach dem Schloßbrand von 1773 wurde sie Hofkirche. Am 19. Oktober 1806, mitten im Krieg, wurden Goethe und Christiane Vulpius in der Sakristei getraut. Bis 1813 mußte das Gotteshaus wiederholt als Lazarett dienen.

Der *Jakobsfriedhof* ist der älteste Gottesacker der Stadt. Nach der Eröffnung des „Neuen Friedhofs vor dem Frauentore", heute Historischer Friedhof, wurde der Jakobskirchhof nicht mehr als Begräbnisstätte gebraucht, die Gräber wurden nach und nach eingeebnet. Erhalten blieben die Grabstätten Christianes, des Märchendichters Musäus und des Theatermeisters Mieding, dem Goethe ein einzigartiges Denkmal mit einem Gedicht schuf. Bekannt ist das Kassengewölbe als erste Ruhestätte Schillers. Die dem Staat gehörende Gruft war Begräbnisstätte für Standespersonen, die nicht die Mittel für die Errichtung eines Erbbegräbnisses hinterließen. So wurden hier auch Fräulein von Göchhausen und die Eltern der Charlotte von Stein beigesetzt. 1826 wurde die Gruft geschlossen, der Bürgermeister Schwabe sorgte für die Bergung der Gebeine Schillers, die später in die Fürstengruft überführt wurden.

An der Südwand der Kirche das Grabmal für Lucas Cranach d. Ä. Der Erbauer des Cranachhauses am Markt, Nicol Gromann (1500–1566), schuf diese Reliefplatte für die Gruft in der Jakobskirche, man verbrachte sie aber in den Altarraum der Stadtkirche, um sie vor Verwitterung zu bewahren. An der Jakobskirche sieht man eine sehr gute Kopie.

96

Die Jakobskirche, anstelle der alten Kirche 1713 errichtet.

Über den Rollplatz, der nach einer dort aufgestellten Färbermangel zu seinem Namen kam, geht man diagonal Richtung Goetheplatz. In der Nr. 9 am Rollplatz wohnte der heute vergessene Schriftsteller Julius Grosse (1828–1902), der sich als Sekretär der Deutschen Schillerstiftung verdient machte. Im Haus Nr. 10 gründete eine Schülerin von Friedrich Fröbel einen der ersten Kindergärten Deutschlands. Später kam eine Ausbildungsstätte für Kindergärtnerinnen hinzu.

Nach Passieren der schmalen Straße erreicht man den Goetheplatz und hat zur Rechten das Kunstkabinett. Es entstand als Großherzogliches Museum für Kunst und Kunstgewerbe, vor dem Ersten Weltkrieg zog es durch Ausstellungen moderner, folglich umstrittener Künstler wie Monet, Munch, Gauguin und Rodin die Aufmerksamkeit der europäischen Kunstwelt auf sich. Das war vor allem dem zeitweiligen Direktor Harry Graf Kessler (1868–1937) zu danken, der Weimar zu einem europäischen Kulturzentrum machen wollte. Er hatte gute Freunde und Mitstreiter, nur der Großherzog war nicht darunter. Und der hatte – wie beim Theaterneubau 1906 – das Sagen. Graf Kessler trat als Museumsdirektor zurück. Das Hofgebäude wurde 1880 errichtet, als Nachbildung eines florentinischen Palazzos. Als Kabinett am Goetheplatz dient es heute wechselnden Ausstellungen mit unterschiedlicher Thematik.

An der belebten Kreuzung Goetheplatz/Graben/*Liebknechtstraße* steht ein in Gelb gehaltener Bau, dreiflügelig, klassizistisch. Es ist die Bürgerschule, ein Werk von C. W. Coudray, 1825 eingeweiht. Für die Entwürfe und die Ausführung des Gebäudes zeigte Goethe starkes Interesse, für seinen Zweck wenig. Es entstand die schönste und modernste Volksbildungsstätte Weimars, die dem Schulwesen die dringend fällige Verbesserung brachte. 600 Schüler konnten in freundlichen Klassenräumen unterrichtet werden, ein Lehrerseminar war angeschlossen. Der gutgegliederte Bau wirkt wie ein kleines Schloß, Goethe versprach sich davon eine bildende Wirkung auf die Schüler, er war gewiß, daß selbst die Rohesten „auf der Stelle aller düsteren Dummheit entrückt" würden. Heute ist die Musikschule Ottomar Gerster hier untergebracht.

Vor dem Bau ein gußeiserner Brunnen, eine Pumpe eigentlich, mit der vergoldeten Figur eines lesenden Knaben. Sie ist die Nachbildung eines Details von einem Denkmal, das Christian Daniel Rauch 1829 für die Stadt Halle schuf. Die Figur wurde 1858 für 43 Taler erworben.

In der Liebknechtstraße Nr. 5 finden wir, unweit der Bürgerschule, das Bertuchhaus, einen fünfgliedrigen klassizistischen Bau. Friedrich Bertuch

Gegenüberliegende Seite:
In der engen Luthergasse steht das Geburtshaus von Christiane Vulpius, Tochter des fürstlich sächsischen Amtsarchivars Johann Friedrich Vulpius. Nachbar war der Bibliothekar Anna Amalias, Christian Joseph Jagemann, dessen Tochter Caroline es beinahe zur „Landesmutter" brachte.

Die Bürgerschule,
heute Musikschule
Ottmar Gerster.
Steindruck um 1850.

(1747−1822) ließ das Wohn- und Geschäftshaus auf dem Gelände eines großen Baumgartens errichten. Der Nordflügel entstand 1780, Mitteltrakt und Südflügel bis 1803. Der in Weimar geborene Mitarbeiter an Wielands Journal, Übersetzer des Don Quichotte, Geheimsekretär und Schatzmeister Carl Augusts, machte häufig den Maître de plaisir der Weimarer Gesellschaft, vor allem aber war er ein tüchtiger Unternehmer. In seiner Fabrik für Kunstblumen arbeitete Christiane Vulpius, ehe sie Goethe kennenlernte. Sein Landes-Industrie-Comptoir entwickelte sich mehr und mehr zu einer Verlagsanstalt, hinzu kam 1804 das Geographische Institut. Er war an der Gründung des Freien Zeichen-Instituts und der Gestaltung des Parks beteiligt, fungierte von 1811 bis 1822 als Stadtältester und 1816 als Direktor der Gemeinnützigen Akademie der Wissenschaften in Erfurt sowie als Meister vom Stuhl in der Loge Amalia. Goethe nannte ihn den „Allerweltskerl von Weimar" − aus seinem Munde ein zweideutiges Lob.

Den Mittelbau betritt man durch eine Empfangshalle mit großen Skulpturen, die Kassettendecke ist mit Stuck verziert. Eine großzügige Treppe führt ins Obergeschoß. Heute beherbergt der Bau das Stadtmuseum.

Das Familiengrab der Bertuchs findet man auf der Rückseite des Hauses, im Weimarhallenpark, der ein Teil des Baumgartens der Bertuchs war. Man nennt ihn auch den *Schwanseepark,* nach dem großen Teich.

Die Weimarhalle war schon lange geplant, der Bertuchsche Garten bereits 1924 von der Stadt erworben worden, aber erst im Jubiläumsjahr 1932 wurde die Halle fertig. Die Festlichkeiten anläßlich des 100. Todestages von Goethe beanspruchten einen großen repräsentativen Saal. Geplant war eine künftige Nutzung als Messehalle. Den Krieg überstand das Gebäude ohne große Schäden, es diente den Künstlern des zerstörten Theaters zunächst als Spielstätte.

Der Schwanseeteich ist ein typisches Relikt der Auenlandschaft um Weimar. Man nannte ihn nur den Teich im Baumgarten. Im Winter 1775/76 schockierte Goethe die Philister mit „gewagtem" Schlittschuhlaufen auf dem gefrorenen Teich. Da jedoch der Hof, Herzogin und Herzog voran, auch Vergnügen daran fand, schlug die Ablehnung in allgemeine Begeisterung um. 1826 gab es schon so etwas wie eine kleine Eisrevue. Charlotte von Stein freute sich: „Im ehemaligen Bertuchschen Garten haben viele junge Mädchen auf dem dort befindlichen großen Teich das Schlittschuhlaufen gelernt; diese werden uns Alten heute Proben ihrer Kunst zeigen, auch ist für Stuhlschlitten gesorgt, worauf man sich auch allenfalls auf den

glatten Spiegel wagen kann, ohne in der beflügelten Kunst des Schlitt-
schuhlaufens eingeweiht zu sein."

Vom Weimarhallenpark her erblickt man die vierschrötigen Bauten in
eckigem Grundriß, die einen kahlen Platz säumen. Sie stammen aus den
Jahren, als er noch Adolf-Hitler-Platz hieß. Von der Kreuzung Lieb-
knecht-/Friedensstraße aus erreicht man das großangelegte Ensemble, das
nach Hitlers Willen ein „Gauforum" werden sollte mit dem Haus der
NSDAP, Reichsstatthalterei, Halle des Volkes usw. Alle Bauten haben
Tiefetagen und unterirdische Verbindungsgänge. Der Gigantomanie muß-
ten über hundert Häuser von historischem Wert weichen, das reizvolle
Asbachtal mit einem schönen Viadukt und dem Vimariabrunnen fiel dem
Forum zum Opfer, eine Parklandschaft, die optisch und funktional die
Verbindung vom Goetheplatz zum Landesmuseum herstellte.

Mit dem Landesmuseum entstand 1863/68 einer der seltenen Neorenais-
sancebauten von Bedeutung in Deutschland. Der Architekt Josef Zitek
(1830—1909) schuf auch das Nationaltheater in Prag. Der kunstsinnige
Großherzog Karl Alexander (1818—1901) ließ das Museum für die Präsen-
tation zeitgenössischer Kunst, vor allem den Odysseus-Zyklus von Friedrich Preller d. Ä. (1804—1859), errichten. Das Goethe-Denkmal nach dem
Entwurf Bettina von Arnims (1795—1859) fand dort Platz. Sie meinte dann
freilich vor dem so überhöhten Olympier erschrocken: „Das soll *mein*
Goethe sein? . . . solch ein Monstrum und solch einen Knirps soll *ich*
erdacht haben?"

In der NS-Zeit widerfuhr dem Museum manches, was dem Geist seiner
Errichter Hohn sprach. Eine Ausstellung „Entartete Kunst" genügte den
lokalen Eiferern nicht, sie veranstalteten die „Entartete Musik" dazu. Im
Katalog hieß es, Atonalität sei ein „Produkt jüdischen Geistes. Wer von
ihm ißt, stirbt daran." Die Verfemten hießen unter anderen Gustav Mahler,
Arnold Schönberg, Franz Schreker, Kurt Weill, Paul Hindemith.

Das Landesmuseum überstand den Krieg ohne größere Schäden. 1946
wurde bereits eine Thüringer Kunstausstellung gezeigt. 1948 jedoch mußten auf Geheiß von „oben" die Heizung und das Dach demontiert werden,
sie sollten bei der Instandsetzung des Theaters Verwendung finden, das
ein Jahr später zum Goethe-Jubiläum fertig sein sollte. Bis 1959 arbeitete
noch ein Hausmeister in dem mutwillig ruinierten Gebäude, danach war
es Verfall und Plünderung preisgegeben. Engagierten Bürgern der Stadt ist
es zu danken, daß der drohende Abriß abgewehrt wurde und nun die
Restaurierung ansteht.

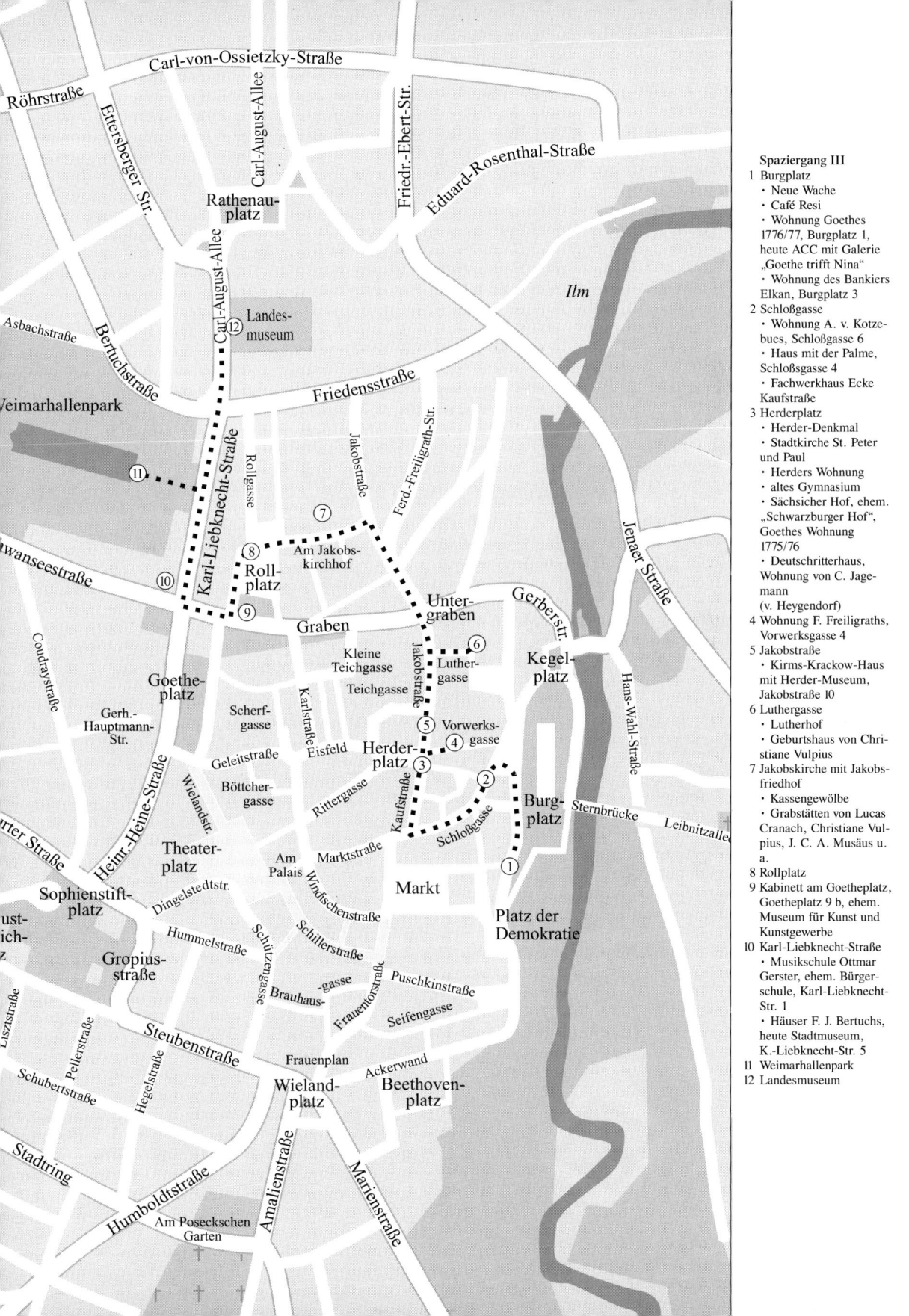

Spaziergang III

1 Burgplatz
- Neue Wache
- Café Resi
- Wohnung Goethes 1776/77, Burgplatz 1, heute ACC mit Galerie „Goethe trifft Nina"
- Wohnung des Bankiers Elkan, Burgplatz 3

2 Schloßgasse
- Wohnung A. v. Kotzebues, Schloßgasse 6
- Haus mit der Palme, Schloßgasse 4
- Fachwerkhaus Ecke Kaufstraße

3 Herderplatz
- Herder-Denkmal
- Stadtkirche St. Peter und Paul
- Herders Wohnung
- altes Gymnasium
- Sächsicher Hof, ehem. „Schwarzburger Hof", Goethes Wohnung 1775/76
- Deutschritterhaus, Wohnung von C. Jagemann (v. Heygendorf)

4 Wohnung F. Freiligraths, Vorwerksgasse 4

5 Jakobstraße
- Kirms-Krackow-Haus mit Herder-Museum, Jakobstraße 10

6 Luthergasse
- Lutherhof
- Geburtshaus von Christiane Vulpius

7 Jakobskirche mit Jakobsfriedhof
- Kassengewölbe
- Grabstätten von Lucas Cranach, Christiane Vulpius, J. C. A. Musäus u. a.

8 Rollplatz

9 Kabinett am Goetheplatz, Goetheplatz 9 b, ehem. Museum für Kunst und Kunstgewerbe

10 Karl-Liebknecht-Straße
- Musikschule Ottmar Gerster, ehem. Bürgerschule, Karl-Liebknecht-Str. 1
- Häuser F. J. Bertuchs, heute Stadtmuseum, K.-Liebknecht-Str. 5

11 Weimarhallenpark

12 Landesmuseum

*Wielandplatz − Marienstraße − Geschwister-Scholl-Straße − Amalien-
straße − Historischer Friedhof − W.-Külz-Straße − Humboldtstraße −
Gutenbergstraße − Cranachstraße − Steubenstraße − Gropiusstraße −
Erfurter Straße − Heinrich-Heine-Straße*

Der *Wielandplatz* gehört zu den kleinsten Plätzen der Stadt, aber es laufen
hier fünf Straßen zusammen. Früher war er der „Platz vor dem Frauentor", der Frauenplan schließt an, das Torhaus haben wir im ersten Spaziergang schon erwähnt.
Nicht vollkommen im Schnitt der fünf Straßen, doch vorteilhaft genug:
das Standbild von Christoph Martin Wieland (1733−1813), das am selben
Tag enthüllt wurde wie das Goethe-Schiller-Denkmal. Der Bildhauer
Franz Gassner aus Wien verstand es, den Freisinn des Mannes und seine
Lehrerhaltung auszudrücken. Wieland war geistig ein Kind des Rokoko
wie der Aufklärung; in jungen Jahren entwickelte er vor allem an Shake-
speare-Übersetzungen (in Prosa) seinen Weltblick, der ihn mit Goethe verband. Heiterkeit war ein Grundzug seines Wesens, tiefgründige Ironie
steckt in keinem seiner Werke. Der Bildungsroman „Agathon" wurde sein
erster literarischer Erfolg; als Wielands Meisterleistung rühmte Goethe
das Poem „Oberon", das heute so ziemlich vergessen ist. Die Geschichten
aus dem antiken Schilda, „Die Abderiten", finden heute noch ihre Leser.
Als Professor für Philosophie lehrte er in Erfurt, erregte durch Schriften
zur Fürstenerziehung die Aufmerksamkeit Anna Amalias und wurde drei
Jahre vor der Mündigkeitserklärung Carl Augusts als sein Lehrer nach
Weimar berufen. Wegen seines Freimuts, der sich zum Beispiel an der
Übersetzung des alten Spötters Lukian zeigte, galt er manchen Zeitgenos-
sen als liederlich. Doch er führte mit seiner Sophie eine vorbildliche Ehe.
Sie förderte schon früh die Entwicklung seines poetischen Talents und
gebar ihm dreizehn Kinder!
In Weimar wechselte Wieland häufig die Wohnung, vielleicht weil die
Familie immer größer wurde. Im mittleren der drei Häuser hinter dem
Denkmal wohnte er kurze Zeit, ehe er zum Markt zog. Episode blieb in
seinem Leben das Gut Oßmannstedt (Richtung Apolda), das er 1797
erwarb. Dort besuchte ihn Heinrich von Kleist, für den er sich sehr ein-
setzte. In Oßmannstedt findet man eine kleine Gedenkstätte für Wieland,
eine besser ausgestattete gibt es im Wittumspalais.
Im Haus Nr. 3, Ecke Steubenstraße, wohnte nach 1814 Friedrich Wilhelm
Riemer (1774−1845), der als Hauslehrer August Goethes und Sekretär des

Dichters in enger Beziehung zum Haus am Frauenplan stand. Als Altphilologe und Pädagoge war er Goethe in mancherlei Hinsicht ein wertvoller Gehilfe. Den Nachlaß des Dichters gab er gemeinsam mit Eckermann heraus. Seine Selbstzufriedenheit schien bei all dem zu wachsen. Wilhelm von Humboldt schrieb seiner Frau: „Er ist ganz eigentlich der Famulus des großen Mannes, redet immer ,Wir‘ und hat auch zu den kleinsten Dingen, um die man ihn bittet, nie einen Augenblick Zeit. Dabei treibt er . . . ziemlich arg magistermäßigen Spaß.“

An der Ecke zum Frauenplan ein Jugendstilbau mit Kuppel auf einem Turm, das Hansahaus.

Die *Marienstraße* führt schräg gegenüber in Richtung Belvedere. In der Nr. 1 wohnte Wieland fünfzehn Jahre lang, ab 1777. Hier schrieb er den „Oberon“, arbeitete an seiner Zeitschrift „Teutscher Merkur“.

Etwas weiter das ehemalige Jägerhaus, im Krieg schwer beschädigt und nicht in alter Schönheit wiedererstanden. Nur die Seitenflügel des 1732 für Forstleute gebauten Hauses sind erhalten. 1789 zog Goethe vom Frauenplan, wo er derzeit nur Mieter war, hierher in eine Wohnung und nahm Christiane Vulpius auf. Beider Sohn August wurde hier geboren. Der Herzog übernahm die Patenschaft, die empörten Philister registrierten zufrieden, daß er nicht zur Taufe kam.

In dieser Wohnung entstanden die ersten Kapitel zur „Farbenlehre“, hier brachte der Dichter die „Venezianischen Epigramme“ zu Ende, die er in Venedig, wo er die Herzogin abzuholen hatte, begonnen hatte. „Wie man Zeit und Geld vertan, zeigt dies Büchlein lustig an.“ Einige Verse sind an Carl August gerichtet, wie diese:

Oft erklärtet ihr euch als Freunde des Dichters, ihr Götter!
Gebt ihm auch, was er bedarf! Mäßiges braucht er, doch viel:
Erstlich freundliche Wohnung, dann leidlich zu essen, zu trinken
Gut; der Deutsche versteht sich auf Nektar wie ihr.
Dann geziemende Kleidung und Freunde, vertraulich zu schwatzen;
Dann ein Liebchen des Nachts, das ihn von Herzen begehrt.

Als Goethe endgültig zum Frauenplan umzog, sorgte er dafür, daß der Engländer Charles Gore (1729−1807), ein reicher Kaufmann, Schiffbauer und Kunstliebhaber, der selbst gerne malte, ins Jägerhaus einziehen konnte. Seine Tochter Emily malte ebenfalls, sie war mit Carl August befreundet, ihre ältere Schwester Eliza übertrug den „Werther“ ins Engli-

Folgende Doppelseite: Auf einem Hügel des Historischen Friedhofs die Goethe-Schiller-Gruft, 1825/26 als „Fürstengruft“ gebaut. Carl August verfügte die Beisetzung Schillers in dieser Grabstätte. Knapp vier Jahre nach dem Tod des Herzogs fand Goethe seine letzte Ruhe in dem Mausoleum. Dahinter die Grabkapelle der Großherzogin Maria Pawlowna, russisch-orthodox − sie war eine Romanow.

105

sche. Später wohnte der Gesandte Napoleons, Baron de Saint-Aignan im Jägerhaus, Kanzler von Müller erwähnte ausdrücklich des Barons Verdienste um Weimar in schlimmen Notzeiten. Goethe empfing den Kanzler und den Baron jeden Sonntagvormittag, um ihnen Stücke aus seiner Kupferstichsammlung zu zeigen und zu erläutern, denn Saint-Aignan war ein vorzüglicher Kunstkenner.

1816 nahm die Freie Zeichen-Schule Sitz im Jägerhaus, 1824 zog die Malerin Luise Seidler (1786–1866) als Kustodin der inzwischen hier befindlichen Gemäldesammlung ein — eine Frau in solcher Position war damals recht ungewohnt. Sie porträtierte bekannte Persönlichkeiten, Gemälde von ihr kann man in den Kunstsammlungen besichtigen. Einer ihrer Briefe schildert Goethes Sterben unsentimental und erschütternd. Er schließt: „. . . welch unersetzlicher Verlust für ganz Deutschland, aber zunächst für das arme, arme Weimar!" Hervorragende Maler arbeiteten in den zum Gebäude gehörenden Ateliers, die später dem Neubau eines Geldinstituts geopfert wurden.

Gegenüber, in der Nr. 8, befand sich die Wohnung des Hofkapellmeisters Johann Nepomuk Hummel (1778–1837). Er war einer der wenigen Schüler Mozarts und galt als Wunderkind. Als Nachfolger Haydns übernahm er die Kapelle des Fürsten Esterhazy, war Hofkapellmeister in Stuttgart und kam von dort 1819 nach Weimar. Als Klaviervirtuose feierte er Triumphe, mit der hiesigen Hofkapelle führte er die von Goethe initiierte Mozartpflege zu neuen Höhepunkten und setzte zeitgenössische Musik durch. Er komponierte und war geschäftstüchtiger Schrecken aller Verleger. Um mittellose Musiker beziehungsweise deren Hinterbliebene zu unterstützen, organisierte er Wohltätigkeitskonzerte. Genast schrieb: „Dabei durfte nie sein Name genannt werden, und in Weimar selbst hatte er einige seiner zuverlässigen Freunde förmlich zu . . . Armenpflegern gemacht."

J. N. Hummel, Zeichnung von Johann Joseph Schmeller, 1826.

Am Ende der Marienstraße, wo sie zur Belvederer Allee wird, steht das Liszt-Haus. Auf der anderen Straßenseite biegt man zuvor rechts ab in die *Geschwister-Scholl-Straße*. Hier steht das Hauptgebäude der Hochschule für Architektur und Bauwesen, die zurückgeht auf das Freie Zeichen-Institut. Auch die 1826 gegründete Baugewerksschule und die Kunstschule von 1860 sind Vorläufer dieser Einrichtung. Der Name der Weimarer Malerschule (s. Spaziergang II) ist mit der Kunstschule eng verbunden. Unmittelbar neben einem flachen Gebäude im offenen Karree fällt ein mehrstöckiger Jugendstil-Bau mit Walmdach auf. Beide entstanden nach

Entwürfen des belgischen Architekten Henry van de Velde (1863–1957), der 1902 nach Weimar berufen wurde. 1907 gründete er die Kunstgewerbeschule, die in dem niedrigen Bau untergebracht war. Er hatte begabte Schüller, gestaltete für die Stadt mehrere Bauten und Inneneinrichtungen im Jugendstil und gab Weimar die Chance, auf neue Weise ein Kulturzentrum zu werden. Der Erste Weltkrieg unterbrach diese Entwicklung, der Ausländer van de Velde wurde in seiner Tätigkeit beargwöhnt und eingeschränkt und zum Schluß des Landes verwiesen. Die Kunstgewerbeschule wurde geschlossen.

Der interessante Bau wurde 1904/06 nach dem Entwurf des belgischen Architekten Henry van de Velde errichtet, der lange Jahre in Weimar wirkte.

1919 berief die erste demokratische Regierung Thüringens den Architekten Walter Gropius (1883–1969) zum Direktor der „Hochschule für Bildende Kunst", wie sie seit 1910 hieß. Durch ihn wurden diese und die wiedererstandene Kunstgewerbeschule vereinigt zum „Staatlichen Bauhaus in Weimar". Gropius und die mit ihm tätigen Künstler – Lyonel Feininger, Johannes Itten, Paul Klee, Oskar Schlemmer, Wassily Kandinsky u. a. – gingen bei der Suche nach neuen Formen von den neuen technischen Möglichkeiten im Bauwesen und in der Raumgestaltung aus. Weimar wurde für wenige Jahre Mittelpunkt der europäischen Avantgarde. Reaktionäre Borniertheit vertrieb 1925 das Bauhaus nach Dessau und Berlin, 1933 fand es als „Brutstätte entarteter Kunst" sein Ende. Um so bedauerlicher, daß Weimar nur einen einzigen Bau im Stil des Bauhaus besitzt.

Harry Graf Kessler, Unbekannt, Ludwig von Hofmann, Edward Gordon Craig und Henry van de Velde, 1904.

Von den Van-de-Velde-Bauten kommt man zur *Amalien-Straße*. In der Nr. 19 wohnten die Maler Arnold Böcklin (1827–1901) und Franz von Lenbach (1836–1901), die Großherzog Karl Alexander 1860 an die eben gegründete Kunstschule berief. Beiden gefiel es zunächst in der Stadt und ihrer schönen Umgebung, aber bald fand Lenbach, er müsse selber noch lernen und zwar in Italien; Böcklins Frau Angela nennt vermutlich die wahren Gründe, die beide Künstler forttrieben: „Das graue Alltagsleben, die unangenehme Bevormundung und Überwachung beeinträchtigten den weit über die Grenzen hinausstrebenden Geist meines Mannes."

In der Amalienstraße Nr. 13 hatte später Christian Rohlfs sein Frei-Atelier. Er behielt es auch, als er sich nach vielen Jahren in Norddeutschland niederließ.

In derselben Straße der Eingang zum Museum für Ur- und Frühgeschichte, im ehemals Poseckschen Haus. Herr von Poseck war herzoglicher Oberforstmeister. Über die kleine Grünanlage und die belebte Straße hinweg ist der *Historische Friedhof* zu erreichen, wo man die Grabstätten der bedeutendsten Persönlichkeiten aus Weimars klassischer und nachklassischer Zeit findet. Vom schmiedeeisernen Eingangstor führt eine Allee gerade hinauf zur Goethe-Schiller-Gruft. Beiderseits des Weges verwitterte Grabkreuze, darunter das von Goethes Schwager Vulpius.

Bei der Gestaltung der Fürstengruft, 1825/26, ließ C. W. Coudray sich vom Vorbild antiker Rundtempel leiten. Die schlichte Halle trägt die Initiale des Stifters Carl August, die Büsten Goethes und Schillers stehen da. Die ovale Öffnung im Boden blieb, um die Särge hinabzulassen; darüber wölbt sich eine gestirnte Kuppel. Eine Treppe gewährt Zutritt zur eigentlichen Gruft, in der unabhängig von der Jahreszeit eine Temperatur von 4 Grad gemessen wird. Zwischen den Säulen links und rechts die Sarkophage der fürstlichen Familie, den Raum beherrschen die schlichten Eichensärge, die die sterblichen Reste Goethes und Schillers bergen. Wenig bekannt ist, daß diese Särge im April 1945 bereits von der SS zur Sprengung vorbereitet waren, damit sie nicht in die Hände der Alliierten fielen. Ein mutiger Arzt und seine Helfer verhinderten diesen Akt der Barbarei.

Kaum erkennbar im Dämmerlicht ist seitlich eine kleine Treppe. Sie führt hinauf zur russisch-orthodoxen Grabkapelle, deren goldglänzende Kuppel den Gruftbau überragt. Diese Kapelle wurde für Maria Pawlowna errichtet, und die kleine Treppe stellt eine Verbindung zur Ruhestatt ihres Gemahls Carl Friedrich her. Für die Grabkapelle wurde eigens russische Erde angefahren, der Beichtvater Maria Pawlownas weihte sie 1862. Der Ikonostas wurde von russischen Künstlern ausgestattet, die Wandmalerei stammt von dem Weimarer Hermann Wislicenus.

Der kunstsinnigen Zarentochter und Großherzogin sowie ihrem Sohn Karl Alexander ist zu danken, daß Weimar auch ein „silbernes Zeitalter" erlebte. Oberhalb der russisch-orthodoxen Kapelle ein Urnenhain, der die Asche von Weimarer Geisteswissenschaftlern wie auch von Künstlern birgt, die ihren Lebensabend im Seebach-Stift verbrachten. Hier steht das Original des Euphrosyne-Denkmals.

An der Mauer, die sich rechts herabzieht, die Grabstätte der Familie Goethe. Ottilie mit ihren Kindern Alma — an sie erinnert die Skulptur — Walther und Wolfgang. Christiane ruht auf dem Jakobskirchhof, der Sohn August in Rom, wo er in den Armen des Malers Preller starb. Auf einem Wieseneck erinnert ein Findlingsstein an einen großen Dirigenten des 20. Jahrhunderts, Hermann Abendroth (1883–1956), Gewandhauskapellmeister und Chef der Staatskapelle Weimar. Familiengrabstätten längs dieser Mauer verraten die Namen des klassischen Weimar: Falk, der Sozial-

Der kranke Friedrich Nietzsche auf der Veranda der „Villa Silberblick", dem späteren Nietzsche-Archiv. Foto v. H. Olde, 1899.

pädagoge; Schwabe, der Bürgermeister; Coudray, der Architekt; Kirms, der Geschäftsmann und nicht zuletzt Charlotte von Stein.

Im unteren Teil des parkähnlichen Friedhofs steht ein kleiner Bau im Stil der Neoromanik, die Gedächtnishalle für die Gefallenen im Krieg 1870/71 und des Ersten Weltkrieges. Auch an dieser Friedhofsmauer liest man viele Namen des alten Weimar: Angela Facius, Johann Heinrich Meyer, Wilhelm Ernst Huschke, Friedrich Wilhelm Riemer, Johann Peter Eckermann, die Familie Wieland, die Musikerfamilie Eberwein. Seit langem wird auf diesem Friedhof niemand mehr beigesetzt, eine Ausnahme bilden die Urnen rings um das Euphrosyne-Denkmal.

Verläßt man den Friedhof etwa in Höhe der Grabkapelle in westlicher Richtung — vorbei an den Gräbern J. N. Hummels, B. Genellis und F. Hoffmann-Fallersleben —, gelangt man durch ein schmales Tor zur Cranachstraße. Von dieser führt links in einer Schleife die *W.-Külz-Straße* bergan. Dort, in der Nr. 3, wohnte 1922 bis 1925 Wassily Kandinsky (1866–1944). Vor dem Ersten Weltkrieg fand er in der Münchener Künstlervereinigung Der Blaue Reiter zur abstrakten Malerei. Infolge des Krieges mußte er zurück nach Rußland, wo er nach der Revolution eine Professur erhielt. 1921 gelang es ihm, wieder nach Deutschland zu kommen. In seinem künstlerischen Credo heißt es: „. . . . die kommende Romantik ist tatsächlich tief, schön, inhaltsvoll, beglückend — sie ist ein Stück Eis, in dem eine Flamme brennt." Er gehörte zu den Künstlern des Bauhauses.

Die W.-Külz-Straße mündet in die *Humboldtstraße*. Man erkennt sogleich die Backsteinvilla, der die Hand van de Veldes einen Hauch von Jugendstil gab. Es ist das Nietzschehaus. Friedrich Nietzsche (1844–1900) verbrachte seine letzten Jahre hier, schwer krank, nicht mehr fähig, sein Werk fortzusetzen. Die Umgestaltung des Hauses am sonnigen Hang durch Henry van de Velde erlebte der Philosoph nicht mehr; seine betriebsame Schwester fand Geldgeber, um ihren Willen zu realisieren, weniger den des großen Denkers, der sein Leben recht bescheiden führte. Immerhin, so erhielt das Nietzsche-Archiv eine würdige Heimstatt. Beginnend mit der Eingangstür ist die Einrichtung der Räume des Erdgeschosses konsequent im Jugendstil gehalten. Dies lohnt bereits den Besuch. Der Nietzsche-Freund wird hier, wie im Goethe-Haus, kaum einen Ausdruck der Persönlichkeit des Hausherrn finden; indes berührt der Gedanke an den still Leidenden im Liegestuhl auf der Terrasse, in Fernen schauend, hinweg über plattköpfige Zeitgenossen, die ihn nicht begriffen oder, schlim-

mer noch, mißverstanden. Er hatte lange zuvor erkannt: „Weisheit ist das
Gezischel des Einsamen auf vollem Markte."
Heute liest man endlich wieder an der Eingangsfront in großen Lettern:
Nietzsche-Archiv, aber vielleicht findet irgendwo auch noch der Vierzeiler
Platz, den er seinem Buch „Die fröhliche Wissenschaft" voranstellte:

Ich wohne in meinem eignen Haus,
Hab niemandem nie nichts nachgemacht
Und − lachte noch jeden Meister aus,
Der nicht sich selber ausgelacht.

Bergab gelangt man zur *Gutenbergstraße*, die links abgeht. Die Nr. 1,
linker Hand, ist ein Van-de-Velde-Bau, die Villa Henneberg.
In der Nr. 16 wohnte 1919 bis 1925 der Bauhaus-Mitstreiter Lyonel Feinin-
ger (1817−1956). Er malte viele Motive der Umgebung Weimars, bekannt
seine „Kirche in Gelmeroda", das Dorf liegt bei der Autobahnauffahrt.
Immer wieder wandte er sich malerisch der Architektur zu, mit strengen
Linien und prismatischen Flächen das Form-Ideal suchend, um auf seine
Weise das von den Künstlern der Antike ersehnte Maß an sich zu finden.
Er blieb dem Bauhaus bis 1932 verbunden, verfemt als „Entarteter" ging
er zurück in die USA.
Die *Cranachstraße* verläuft parallel zur Gutenbergstraße. Die zweite
Etage der Nr. 15 war die Wohnung von Harry Graf Kessler (1868−1937).
Der Diplomat und Kunstmäzen, Autor der Zeitschrift „Pan" und Schöpfer
der „Cranach-Presse", war ein universaler Geist, der es verstand, große
Künstler Europas mit Weimar zu verbinden (s. Spaziergang III). Der Bel-
gier van de Velde richtete seine Wohnung ein, der Norweger Munch malte
ihn, der Österreicher Hugo von Hofmannsthal traf bei ihm den Franzosen
André Gide und den Deutschen Rainer Maria Rilke; die Aufzählung ließe
sich fortsetzen.
Helene von Nostiz, geb. von Hindenburg, beschrieb: „Das Feuer brennt
im Kamin und wirft einen Schein auf die leidenschaftlichen Reiter des Par-
thenon-Frieses. Hellgelbe Bücher stehen in weißen Schränken. In den
Glasvitrinen aber schauen liebliche kleine Frauengestalten Maillols in
Spiegel, die ihre reinen, strengen Formen wiedergeben. Über dem mattlila
Diwan ziehen die Nymphen Maurice Denis' durch einen phantastischen
Wald. Vor dem Fenster steht eine altchinesische Bronzeschale, ein Gruß
der Künstler dreier Nationen an Harry Kessler." Hier las Gerhart Haupt-

mann aus einem neuen Drama, hier vertrat Elisabeth Förster-Nietzsche mit Fanatismus die Welt ihres Bruders. Selbstverständlich war van de Velde häufig zu Gast. Helene von Nostiz schrieb: „Für all die geheimnisvollen Strömungen, die in diesem Hause zusammenfluteten, bildete seine Einrichtung einen Rahmen, der auch entscheidend für die Atmosphäre dieser Vereinigung war, die nichts von Gemütlichkeit im eng deutschen Sinn an sich hatten, sondern den Geist der Unrast, des Wechsels, der Vielheit, des Umspannenden in sich trugen, die zu Deutschlands weiter und großer Seele gehören. Den Geist, der auch im Weimar Goethes lebte, der fälschlich jetzt oft eine eng deutsche Farbe erhält."

Ein paar Querstraßen weiter die Nr. 47, das Dürckheimsche Palais, 1912/13 von van de Velde für den Grafen Dürckheim-Montmartin erbaut. Bereits 1928 wurde es zu einem Verwaltungsgebäude umgestaltet. In jüngster Vergangenheit erlangte es traurige Popularität als Weimarer Zentrale der gefürchteten „Stasi". Der Lyriker Wulf Kirsten trug im Herbst 1989 maßgeblich zur Auflösung dieses Stützpfeilers totalitärer Macht bei.

Wendet man sich zurück, so kommt man über die Richard-Wagner-Straße oder, etwas weiter, die Liszt-Straße zum Stadtzentrum, den Stadtring überquerend. Der hieß früher Lassenstraße, nach dem Dirigenten Eduard Lassen (s. Spaziergang V). In der Nr. 31 dieser Straße wohnte der Dichter Johannes Schlaf (1862−1941), der mit Arno Holz begann, dessen Theorie des konsequenten Naturalismus in literarische Praxis umzusetzen.

Als Kuriosum mag es uns heute erscheinen, im Haus Lisztstraße Nr. 4, einem Bau der Gründerjahre, die „Preußische Botschaft" zu erblicken. Quer zur Lisztstraße die *Steubenstraße*. Linker Hand sieht man die katholische Herz-Jesu-Kirche, erbaut im neugotischen Stil. Sie wurde 1891 durch den Bischof von Fulda geweiht. In der Steubenstraße 38/40, einem Doppelhaus, hatte der Bauhausmeister Georg Muche (1895−1987) seine Wohnung. Von ihm stammt der Entwurf für das Musterhaus Am Horn (s. Spaziergang V).

Schräg gegenüber, Ecke Preller-Straße, ein Haus im neoklassizistischen Stil; dort wohnte in den 90er Jahren des 19. Jahrhunderts der Begründer der Anthroposophie und Waldorf-Pädagogik, Rudolf Steiner. Im Goethe-und-Schiller-Archiv arbeitete er mit an der Sophien-Ausgabe von Goethes Werken. Er erfuhr dort starke Impulse für sein eigenes Werk, das ebenso von Nietzsche beeinflußt ist.

Im Erdgeschoß des Hauses das Wein- und Speiserestaurant Alt-Weimar, das diesen Namen sehr zu Recht trägt. In den gediegen ausgestatteten Räumen hängen Fotos von Künstlern, die im nahen Theater oder an der Kunstschule, beziehungsweise dem Bauhaus wirkten. Auf einigen eigenhändige Widmungen, ein Foto erzählt vom Rodin-Skandal, den Graf Kessler im Kunstkabinett ungewollt auslöste. Ans „silberne Zeitalter" erinnern Grafiken und Stiche und Porträts bekannter Persönlichkeiten.

Im Eckhaus zur *Gropiusstraße*, Steubenstr. 32, wohnte der Gründer des „Staatlichen Bauhauses in Weimar", Walter Gropius (1883—1969). Die Künstler und Architekten, die er in Weimar zusammenführte, sind an anderer Stelle bereits genannt. Gropius war 1915, einen Fronturlaub nutzend, schon einmal nach Weimar gekommen, um sein Konzept einer Ausbildungsstätte, die künstlerische und industriell-technische Kreativität verbindet, vorzulegen. Einem Vorschlag van de Veldes zufolge wurde er 1919 zum Direktor der Kunstschule berufen und erhielt somit die Chance, Neuland zu erschließen. Im „Bauhausmanifest" heißt es: „Wollen, erdenken, erschaffen wir gemeinsam den neuen Bau der Zukunft, der alles in einer Gestalt sein wird: Architektur und Plastik und Malerei, der aus Millionen Händen der Handwerker einst gen Himmel steigen wird als kristallenes Sinnbild eines neuen kommenden Glaubens."

Walter Gropius, der Initiator des Staatlichen Bauhauses. Foto von L. Held, 1920.

Ein Höhepunkt wurde die Bauhaus-Ausstellung 1923 in Weimar. Da fanden neben der großen Ausstellung im Hauptgebäude und der Eröffnung des Musterhauses Am Horn auch Theater- und Ballettaufführungen sowie Konzerte mit international bekannten Künstlern statt. Doch der erhoffte finanzielle Erfolg blieb aus. Auch die Solidarität der „Freunde des Bauhauses" — Marc Chagall, Arnold Schönberg, Albert Einstein, Gerhart Hauptmann, Franz Werfel u. a. — konnte letztlich nichts retten, die Landesregierung Thüringen kündigte alle Verträge.

Das Bauhaus konnte in Dessau und in Berlin weiterexistieren, bis der Ungeist es auflöste und den Geist außer Landes trieb. In Weimar sind nur zwei Werke von Gropius selbst zu sehen; die Bronzetafel am Theater, der Gründung der Republik gedenkend, und das Denkmal für die März-Gefallenen auf dem Hauptfriedhof. Der Volksmund nennt es „Gefrorene Blitze". Es wurde 1935 entfernt, weil es auch an die Toten des Kapp-Putsches gemahnt, Gropius nannte es den „Blitzstrahl aus dem Gräberboden als Wahrzeichen des lebendigen Geistes." Heute steht es wieder. Bedeutende Bauten des Architekten stehen in Berlin, Dessau und in den USA.

Von der Steubenstraße links ab führt die Gropiusstraße auf den Bühneneingang des National-Theaters zu. Daneben steht das Denkmal für Johann

Nepomuk Hummel. Die verkehrsreiche Kreuzung ist der Sophienstifts-Platz, der nach Westen hin von einem kleinen klassizistischen Bau, dem Neuen Tor- und Wachthaus, begrenzt wird. Es entstand 1822 nach den Plänen des Architekten Coudray.

Mit diesem Bauwerk beginnt die *Erfurter Straße*. In der Nr. 19 befand sich die Wohnung von Richard Strauss (1864–1949), der 1889 als Hofkapellmeister von München nach Weimar kam. Euphorisch schrieb er einer Dame: „Nach Weimar! Neben Lassen und unter Bronsart als Intendant! In die Zukunftsstadt Weimar, an den Platz, wo Liszt so lange wirkte!"

Der junge Richard Strauss, Kapellmeister der Hofkapelle Weimar von 1889 bis 1894.

Die Sängerin Gutheil-Schoder erinnerte sich, Strauss habe „das geistige und musikalische Weimar in Atem" gehalten mit seinen „unerhörten Vorstellungen der Werke Glucks, Mozarts, Wagners", die der „heißblütige junge Kapellmeister" zustandebrachte. Er aber resignierte nach drei Jahren: „Es befindet sich alles hier wie vor hundert Jahren, nur daß ein gewisser Goethe nicht mehr mittut." An seinen Vater schrieb er: „Lassens Größenwahnsinn wird wohl diesen Winter seinen Höhepunkt erreichen." Nach fünf Jahren verließ er Weimar, was dort viel Staub aufwirbelte. Weimar wirkte nach. In hohem Alter arbeitete er an einer Schuloper, der Wielands „Abderiten" zugrunde liegen. Das Werk blieb unvollendet.

Zur Kreuzung zurück und links einbiegend, kommt man in die *Heinrich-Heine-Straße*. Die Nr. 12/14 wurde als Wohnhaus von und für Clemens Wenzeslaus Coudray (1775–1845) errichtet. Mit seinen drei Stockwerken und dreigegliedert war es im Jahr seines Entstehens, 1817/18, schon ein Prachtbau in Weimar. Alle Ornamente an der Fassade stammen vom Architekten und Hausherrn. Das Maskenbildnis über dem Eingang soll nach antikem Vorbild böse Geister bannen; darüber die Opferschale mit der Bitte Fortunet Deus – Gott spende Glück, zwei Greife mit Löwenleib flankieren den frommen Wunsch. Über den Fenstern des ersten Stockwerks Handwerker- und Künstler-Symbole, darüber ein Mäanderfries.

Goethe holte viele bedeutende Architekten nach Weimar, Coudray war der einzige, der blieb. Sie verstanden und ergänzten einander, nicht alle ihre Entwürfe kamen zur Ausführung. „Er hat sich zu mir gehalten und ich mich zu ihm und es ist uns beiden von Nutzen gewesen", hat Eckermann von Goethe erfahren. Der stimmte mit dem Baukünstler darin überein: „Die Architektur findet nicht, wie die übrigen Künste, ihr Vorbild in der Natur, sondern sie ist das reine Werk menschlicher Erfindung, das Resultat der Versuche und Erfahrungen vieler Völker durch viele Jahrhunderte."

Die Heinrich-Heine-Straße mündet auf den Goethe-Platz.

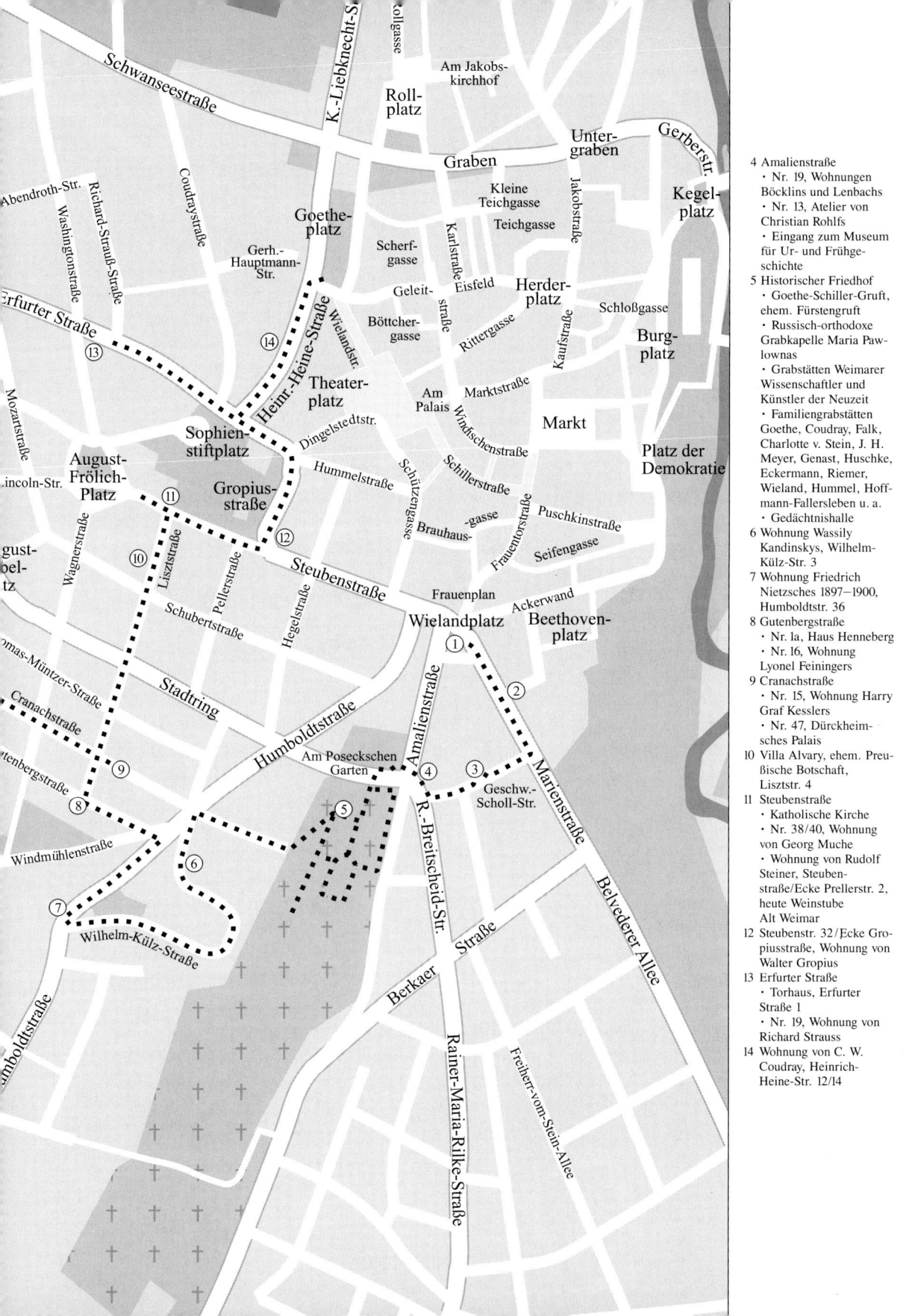

4 Amalienstraße
· Nr. 19, Wohnungen Böcklins und Lenbachs
· Nr. 13, Atelier von Christian Rohlfs
· Eingang zum Museum für Ur- und Frühge-schichte
5 Historischer Friedhof
· Goethe-Schiller-Gruft, ehem. Fürstengruft
· Russisch-orthodoxe Grabkapelle Maria Pawlownas
· Grabstätten Weimarer Wissenschaftler und Künstler der Neuzeit
· Familiengrabstätten Goethe, Coudray, Falk, Charlotte v. Stein, J. H. Meyer, Genast, Huschke, Eckermann, Riemer, Wieland, Hummel, Hoffmann-Fallersleben u. a.
· Gedächtnishalle
6 Wohnung Wassily Kandinskys, Wilhelm-Külz-Str. 3
7 Wohnung Friedrich Nietzsches 1897–1900, Humboldtstr. 36
8 Gutenbergstraße
· Nr. la, Haus Henneberg
· Nr. 16, Wohnung Lyonel Feiningers
9 Cranachstraße
· Nr. 15, Wohnung Harry Graf Kesslers
· Nr. 47, Dürckheim-sches Palais
10 Villa Alvary, ehem. Preu-ßische Botschaft, Lisztstr. 4
11 Steubenstraße
· Katholische Kirche
· Nr. 38/40, Wohnung von Georg Muche
· Wohnung von Rudolf Steiner, Steuben-straße/Ecke Prellerstr. 2, heute Weinstube Alt Weimar
12 Steubenstr. 32/Ecke Gro-piusstraße, Wohnung von Walter Gropius
13 Erfurter Straße
· Torhaus, Erfurter Straße 1
· Nr. 19, Wohnung von Richard Strauss
14 Wohnung von C. W. Coudray, Heinrich-Heine-Str. 12/14

Marstallstraße − Kegelplatz − Jenaer Straße − Musäusstraße −
Leibnizallee − Am Horn

Wenn man vom Graben aus in die *Marstallstraße* geht, sieht man rechts
Reste der alten Stadtmauer. Früher befand sich darin ein Durchgang zum
Lutherhof. Links zieht sich der Marstall hin, 1878 erbaut, 1919 bereits zum
Ministerialgebäude umgestaltet. Während der NS-Zeit war hier die
Gestapo untergebracht. Heute birgt es das reichhaltige Staatsarchiv der
Herzöge von Weimar und des Landes Thüringen. Dokumente aus mehr als
tausend Jahren deutscher Geschichte sind hier verwahrt; das älteste trägt
Siegel und Unterschrift von Otto I., anno 944.
Links abbiegend am Marstall, der Ilm zu, erreicht man den *Kegelplatz*,
der im Winkel seiner Grünfläche ein wohlerhaltenes Bürgerhaus des
18. Jahrhunderts präsentiert. Hier wohnte der Schriftsteller Johann Carl
August Musäus (1735−1787). Er schrieb Romane und sammelte lange vor
den Brüdern Grimm „Volksmärchen der Deutschen". Er lehrte am Gymnasium und spielte eifrig mit beim Amateurtheater, wo er besonders in komi-
schen Rollen beliebt war. Heute ist das Haus eine Albert Schweit-
zer-Gedenkstätte. Im Musikraum mit der Hausorgel oder im schönen
Innenhof finden Konzerte statt. Vor dem Haus erinnert ein Denkmal (Gerhard Geyer 1956) an den großen Arzt und tatkräftigen Humanisten.
Am Parkeingang zwischen Schloß und Kegelbrücke eine Büste des Dichters
der polnischen Romantik Adam Mickiewicz (1798−1855), der Goethe 1829
am Frauenplan besuchte. Die Plastik schuf Gerhard Thieme 1971. Die
Kegelbrücke war einst der einzige Übergang über die Ilm. Erst 1749 wurde
die steinerne Brücke erbaut. Nach schweren Kriegsschäden 1950 erneuert.
Das östliche Ufer beherrscht der Sandsteinbau des Goethe-und-Schiller-Archivs, 1896 errichtet. Großherzogin Sophie erhielt laut Testament
des letzten Goethe-Enkels den gesamten Nachlaß des Dichters und veranlaßte den Archivbau. 1889 kam der Nachlaß Schillers hinzu; heute werden
hier an die drei Millionen Handschriften bewahrt, Kostbarkeiten europäischen Geistes, die der Menschheit gehören. Schriften von Wieland, Herder, Heine, Hölderlin, den Jenaer Romantikern, von Franz Liszt, Friedrich Nietzsche und vielen anderen.
Hier wurden die Sophien-Ausgabe von Goethes Werken, die Schil-
ler-National-Ausgabe wie die Heine-Säkular-Ausgabe wissenschaftlich
erarbeitet. Die Straße, von der das Gebäude zu betreten ist, wurde nach
Hans Wahl (1885−1949) benannt, der von 1928 bis 1949 das Archiv leitete.

Die Kegelbrücke,
Zeichnung Goethes
1780. Links die alte
„Burgmühle". Über
die Brücke führte die
Straße nach Tiefurt
und Jena.

Vorhergehende Doppelseite: Der Kegelplatz mit dem Denkmal für Albert Schweitzer. Rechts dahinter das Haus des Märchendichters C. A. Musäus, in dem sich die Albert-Schweitzer-Gedenkstätte befindet. Der schöne Innenhof lädt im Sommer zu Konzerten ein.

Bergan führt die *Jenaer Straße*. Links fällt sogleich die Altenburg auf, palaisartig in klassizistischer Manier. Der Oberstallmeister von Seebach ließ sie 1811 errichten, auf dem Areal, das „Die Alte Burg" hieß, weil sich dort vermutlich eine mittelalterliche Fliehburg befand. Zu Beginn des 19. Jahrhunderts war die Gegend noch unbebaut, der Anbau von Wein war nicht geglückt, einsam standen die „Lärmstücke", Kanonen, die einzig der Alarmierung der Stadt dienten.

Karl August und Goethe besuchten die Altenburg zwar, zu einem geistigen Zentrum, das in Europas Länder ausstrahlte, wurde sie aber erst durch Franz Liszt. Er kam als „Kapellmeister in außerordentlichen Diensten" 1848 nach Weimar, mit ihm die Fürstin Carolyne Sayn-Wittgenstein und deren Tochter. Acht Jahre schon hatte sich Großherzogin Maria Pawlowna, die Schwiegertochter Karl Augusts, bemüht, den Weltbürger ins abseits gelegene Weimar zu holen, ihr kunstsinniger Sohn Karl Alexander stand ihr dabei zur Seite. Auf sein Ersuchen, an einer Reform des Weimarer Theaters mitzuwirken, sagte Liszt endlich zu. Liszt hatte das „Puppendasein des Virtuosentums" satt, hier bot sich ihm die Möglichkeit, seine kompositorischen Intentionen mit einem ihm folgenden Orchester unmittelbar umzusetzen. Für Weimar mag auch gesprochen haben, daß Maria Pawlowna als Angehörige der Zarenfamilie Fürsprecherin in der komplizierten Scheidungssache Carolynens sein würde, in der der Zar das letzte Wort hatte.

Als Kapellmeister leistete Liszt, was man von ihm erhoffte und mehr. 38 Opern kamen unter seinem Dirigat zur Erstaufführung, dazu sieben Uraufführungen, darunter Wagners „Lohengrin" und Peter Cornelius' „Barbier von Bagdad", und er komponierte. Im Seitenflügel der ersten Etage entstanden die „Symphonischen Dichtungen Tasso" (anläßlich Goethes 100. Geburtstag), „Les Préludes" (nach Lamartine), „Prometheus" (nach Herder), „Mazeppa" (nach Hugo), die „Faust-Symphonie" und die „Dante-Symphonie". Daneben Klavierparaphrasen, Weiterarbeit an den „Ungarischen Rhapsodien", geistliche Chorwerke und ein umfangreiches Liedschaffen. Er schrieb Artikel für die „Weimarische Zeitung", um das Publikum für Konzert- und Opernaufführungen zu interessieren, ihm zu helfen, Aversionen gegen die „Zukunftsmusik" zu überwinden.

Mit Engagement und Weitblick entwarf er das Programm einer „Goethe-Stiftung", die die Entwicklung einer deutschen Nationalkultur fördern sollte. Er fand nicht die erhoffte Unterstützung beim Hof und wandte

Matinee bei Franz
Liszt. Lithografie
nach J. Kriehuber,
1846.

Vorhergehende Doppelseite: Am Hang hinter der Kegelbrücke das Goethe-und-Schiller-Archiv. Es wurde 1896 eingeweiht und ist eine Forschungsstätte von internationaler Bedeutung. Neben den Nachlässen Goethes und Schillers befinden sich hier das Nietzsche-Archiv, der Liszt-Nachlaß und viele andere Dokumente des Schaffens großer Literaten und Künstler.

darum seine Energie auf die Gründung des „Allgemeinen Deutschen Musikvereins". Sie fand 1861 in Weimar statt, der Verein wirkte insbesondere mit seinen „Tonkünstlerfesten" fördernd auf die Musikkultur in Deutschland und somit auch auf die Nationalkultur überhaupt. Ihm gehörten die bedeutendsten Komponisten und Interpreten an. 1937 wurde der Verein auf Goebbels Befehl aufgelöst.

Gäste auf der Altenburg waren Richard Wagner, Hector Berlioz, Hans von Bülow, Friedrich Smetana, Johannes Brahms, Friedrich Hebbel, Franz Grillparzer, Varnhagen von Ense, Hans Christian Andersen, Bettina von Arnim, Alexander von Humboldt und andere. Die extravagante, geistvolle Fürstin Carolyne Sayn-Wittgenstein blieb zwar den braven Bürgern wegen ihrer illegitimen Liaison mit Liszt suspekt, doch der Kleingeisterei trotzend war sie es, die die Altenburg zu einem neuen „Musenhof" werden ließ. Man musizierte, las aus Manuskripten, debattierte über Politik und Wissenschaft, stellte „Lebende Bilder", die Maler konzipierten. Friedrich Hebbel berichtete 1858: „Abends auf der Altenburg große Gesellschaft, wo Liszt spielte, was er nur sehr selten tun soll; . . . am Klavier ist er ein Heros; hinter ihm in polnisch-russischer Nationaltracht mit Halbdiadem und goldnen Troddeln die junge Fürstin, die ihm die Blätter umschlug und ihm dabei zuweilen durch die langen, in der Hitze des Spiels wild flatternden Haare fuhr. Traumhaft-phantastisch!" Als Franz Liszt 1891 aus Weimar wegging, wurde es still um das schöne Haus am Berg. Um ihn doch noch an Weimar zu binden, richtete man ihm später die Wohnung in der Hofgärtnerei her. Richard Strauss' Plan, in der Altenburg ein Tonkünstlermuseum einzurichten, ist leider immer noch nicht verwirklicht.

Die Jenaer Straße ein Stück hinauf findet man rechter Hand die *Musäusstraße*. Hier hatte Johann Carl August Musäus seinen geliebten Garten, in dem er mit großer Kaffeekanne, langer Tabakspfeife, Büchern und Schreibzeug zu sitzen pflegte. Ecke Musäusstraße/*Leibnizallee* befindet sich der Jüdische Friedhof. 1740, als er angelegt wurde, lag er weit vor der Stadt. Hier findet man den Grabstein des Bankiers Elkan, bei dem auch Goethe Kunde war. Sein Schwiegersohn Dr. Hermann Moritz wurde sein Nachfolger, er ließ sich das Haus Marstallstr. 3 bauen, dessen große Auffahrt und schöne Fassade vis-à-vis dem Eingang zum Staatsarchiv auffallen. Lange dem Verfall preisgegeben, wurde der Jüdische Friedhof 1983 von Weimarer Bürgern wiederhergestellt.

Dem Friedhof gegenüber, Leibnizallee 4, wohnte von 1854 bis 1860 August Heinrich Hoffmann von Fallersleben (1798−1874). Bekannt ist er als Verfasser des „Lieds der Deutschen". Viele seiner Kinderlieder werden auch heute noch gesungen, ohne daß die meisten den Autor nennen könnten: Summ, summ, summ, Bienchen...; Alle Vögel sind schon da...; Der Frühling hat sich eingestellt...; Kuckuck, ruft's aus dem Wald...; Ein Männlein steht im Walde... und andere. Ein überzeugender Beweis, daß der Dichter den Volkston traf.

Der Dichter des Vormärz veröffentlichte 1840/41 seine „Unpolitischen Lieder" und handelte sich politische Verfolgung ein. Steckbrieflich gesucht, irrte er durch deutsche Lande und fand in Weimar für einige Jahre Asyl. Im Haus Leibnizallee 4 verbrachte er glückliche Jahre mit seiner jungen Frau, die hier 1855 Sohn Franz gebar. Die Wohnung am Kasernenberg gewährte einen herrlichen Blick auf die Stadt und lag günstig nahe der Altenburg, zu deren engstem Kreis Hoffmann selbstverständlich gehörte. Mit dem Germanisten Oskar Schade gab er das „Weimarische Jahrbuch für deutsche Sprache, Literatur und Kunst" heraus, zudem konnte er einige seiner früheren literarischen und philologischen Arbeiten publizieren. Es konnte nicht ausbleiben, daß sein kritischer Geist in Gegensatz zu den Weimarer Verhältnissen geriet. Er widersprach dem philiströsen Jubel um die Einweihung des Goethe-Schiller-Denkmals:

August Heinrich Hoffmann von Fallersleben, als „Demagoge" von der Universität Breslau verjagt, fand in Weimar 1854–1860 eine Heimat. Stahlstich von Christian Hoffmeister nach Ernst Fröhlich.

Die Firma „Goethe-Schiller" ist
Erloschen schon seit langer Frist.
Doch gibt es hier noch Krämergesellen,
Die wissen so sich anzustellen,
Als wäre die Firma von altem Ruhm
Ihr rechtlich erworbenes Eigentum.

Den Reiz der Jahre in Weimar sah Hoffmann in der Freundschaft zu Liszt, zu den Malern Friedrich Preller und Bonaventura Genelli wie im produktiven Miteinander vieler Gleichgesinnter, so konträr deren Meinungen auch oft waren. „Ja, unsre schönen Tage liegen in Weimar begraben." Nebenan, in der Leibnizallee 8, lebte noch Goethes Sekretär Friedrich Theodor Kräuter (1790–1856). In Haus Nr. 2 wohnte später der Bauhausmeister Laszlo Moholy-Nagy (1895–1946).

Die Leibnizallee führt aufwärts zu einem Wäldchen, dem Webicht. Es ist das Bindeglied zwischen der Stadt und Tiefurt und war schon immer ein beliebtes Ausflugsziel der Weimarer. Herder ließ hier seine Frau die Gesänge für den nächsten Gottesdienst üben, fürs Städtchen war ihre Stimme zu durchdringend. Unterschiedlichste Impressionen aus dem

Wäldchen vermitteln Bilder von Lehrern und Schülern der Weimarer Malerschule. Man kann sie in den Kunstsammlungen betrachten.

Bergab führt die Leibnizallee zum Schloß hin, genauer: zur Schloßbrücke, auch Sternbrücke genannt, links der Brücke der Stern (s. Spaziergang II). Biegt man vor der Brücke links ein, gelangt man zur Straße, die sich am Hang überm Park hinzieht, gesäumt von Villen und Gärten, *Am Horn*. Der Name kommt von der Gestalt des Hügels längs der Ilm. Erst um die Jahrhundertwende entstand die Bebauung, eine kleine Künstler- und Literatur-Kolonie, der sonnigen Lage wegen „Weimars Riviera" genannt. Der schöne Blick über den Park zu den Türmen der Stadt mag dabei auch eine Rolle gespielt haben. Damals freilich war die Sicht noch kaum durch andere Bauten verstellt.

In der Nr. 15 verbrachte vor dem Ersten Weltkrieg der Dramatiker Georg Kaiser (1878–1945) die Wintermonate. Hier schrieb er sein Stück „Die Bürger von Calais", angeregt durch Auguste Rodins Figurengruppe (1895) und Rainer Maria Rilkes Rodin-Buch (1907). Weimarer Begegnungen hinterlassen auch hier Spuren. In derselben Villa wohnte Fritz Mackensen (1866–1953), der 1908 als Lehrer an die Weimarer Kunstschule berufen wurde. Er gehörte zu den Gründern der Künstlerkolonie Worpswede. Von 1910 bis 1918 war er Direktor der Weimarer Kunstschule. Die Kunstsammlungen besitzen einige Werke von ihm.

Zwei Häuser weiter, Nr. 17, war der Wohnsitz des Schriftstellers und Theatermannes Ernst Hardt. Er war von 1919 bis 1924 Intendant und rief im Auftrag der ersten deutschen Republik das ehemalige Hoftheater als das „Deutsche Nationaltheater" aus.

In der Nr. 19 lebte Dr. Bruno Schwabe (1834–1918). Er war Generalstabsarzt und leidenschaftlicher Sammler. Den reichlichen Nachlaß von ethnographischen, naturkundlichen und Kunstgegenständen vermachte er der Stadt. Diese Sammlung wurde zu einem Grundstein des Museums für Ur- und Frühgeschichte in der Amalienstraße.

Das Haus Am Horn Nr. 25 hebt sich durch Weiträumigkeit des Gartens und Größe des Baues von seiner Umgebung ab. Diese „Villa Ithaka" ließ sich der Dramatiker Ernst von Wildenbruch bauen, dessen pathetische Stücke im wilhelminischen Zeitalter viel gespielt wurden. Heute sind sie vergessen. Die Villa war der erste Bau mit Dampfheizung in Weimar.

Direkt oberhalb vom Pogwischhaus, Nr. 39, lebte seit den 30er Jahren die Schriftstellerin Gabriele Reuter (1859–1941). Ihr Frauenroman „Aus guter Familie" erreichte hohe Auflagen und ging in die Literaturgeschichte ein.

Das Bauhaus-
Gebäude in Weimar.
Architekt: Henry van
de Velde, 1904.

Nr. 45/47 war Wohnsitz des neoklassizistischen Literaten Paul Ernst
(1866–1933). Seine dramatischen Versuche sind vergessen, einige Kurzge-
schichten werden noch gelesen. Franz Kafka und Max Brod waren hier
Gäste. Kafka notierte in sein Tagebuch: „Spaziergang mit Paul Ernst ins
Webicht. Seine Verachtung unsrer Zeit, Hauptmanns, Wassermanns,
Thomas Manns... Hauptmann wird in einem kleinen Nebensatz... ein
Schmierer genannt. Sonst vage Äußerungen über Juden, Zionisten, Rassen
usw."

Im Hause Am Horn Nr. 53 wohnte der Schweizer Maler Paul Klee
(1879–1941). Er wirkte von 1920 bis 1921 als Formmeister der Buchbinde-
rei und von 1922 bis 1925 der Glasmalerei am Staatlichen Bauhaus. Der
Dichter Theodor Däubler schrieb: „Vor Paul Klee gilt mir folgender Aus-
spruch von Martin Buber: ‚Die obere Einfachheit ist erreicht!'" Klee
selbst brachte es auf den Punkt: „Kunst gibt nicht das Sichtbare wieder,
sondern macht sichtbar." Er traf im Bauhaus auf Freunde und Kollegen,
denen er bereits in der Münchner Gruppe Blauer Reiter verbunden war.
Wassily Kandinsky, Lyonel Feininger, Alexej von Jawlensky schlossen
sich mit ihm zur Gruppe Blaue Vier zusammen.

Klees Frau war Pianistin, er selbst spielte Geige. Bauhausmeister Lothar
Schreyer erinnerte sich später: „Feierlich schöne Stunden waren es, wenn
Paul Klee, von allen geliebt, einen Musikabend im Bauhaussaal angesagt
hatte und uns auf seiner Violine Mozart spielte." Zu Hause gab Sohn Felix
Kasperletheater, bei dem zum Gaudium des Publikums die großen und
kleinen Bauhausinterna die Szene beherrschten.

Am Ende der Straße Am Horn sehen wir das Musterhaus des Staatlichen
Bauhauses, Nr. 61. Der Staat hatte dem Bauhaus Gartenland verpachtet,
auf dem vor allem Gemüse für die Gemeinschaftsküche angebaut wurde,
um ein wenig Unabhängigkeit vom Inflationsmarkt zu erlangen. Man
plante eine ganze Bauhaussiedlung, aber zunächst wurde das Musterhaus
errichtet, Anlaß gab die Bauhaus-Ausstellung 1923. Den Entwurf lieferte
Georg Muche (s. a. Spaziergang IV), die Bauzeichnungen fertigte das
Architekturbüro Gropius, die „Soziale Bauhütte Weimar" führte binnen
vier Monaten den ganzen Bau aus. Der Grundriß ist quadratisch, im Zentrum ein quadratisches Wohnzimmer, das die umgebenden Räume überragt, um durch eine Fensterfront von oben Tageslicht einzulassen. An der
Innenausstattung waren sämtliche Bauhauswerkstätten beteiligt, von der
Babywiege bis zu den Teppichen. Es gab Für und Wider, einem mißfiel
die „gekrampfte Starrheit" und die „steife Förmlichkeit" des Hauses, ein

anderer würdigte den Versuch „einer umfassenden und deshalb genügenden Raumgestaltung". Man muß sich in Betrachtung dieses Gebäudes vergegenwärtigen, daß seine Eröffnung nur ein Programmpunkt in dem Ereignis „Bauhauswoche" war. Da hörte man Vorträge von Gropius und Kandinsky, da kamen die Holländer Jacobus Johannes Pieter Oud und Mies van der Rohe zu Wort, da wurde im Nationaltheater Oskar Schlemmers „Triadisches Ballett" aufgeführt, da besuchte man Konzerte mit Werken Busonis, Hindemiths und Strawinskys, die Hermann Scherchen dirigierte, Uraufführungen darunter. Der große Abschlußabend wurde mit Lampionfest, Feuerwerk, Tanz und den „Reflektorischen Lichtspielen" von Hirschfeld-Mack begangen. Alles in allem ein zukunftweisendes Unternehmen in schwerer Zeit, geradezu kühn. Engstirnige Macht sah nur aufs magere Resultat in den Kassen. Die Vertreibung des Bauhauses aus Weimar war beschlossene Sache.

Vis-à-vis dem Musterhaus führt ein Weg hinab in den Park, vorüber am Pogwischhaus, dann an Goethes Gartenhaus. Der goldglänzende Turm am Schloß weist den Weg zum Stadtzentrum. Wendet man sich links auf den breiten Fahrweg, kommt man bald nach Oberweimar. Die Bauhausleute bevorzugten diese Richtung, wenn sie irgendwo einkehren wollten — Oberweimar war billiger. Vielleicht ist es heute noch so.

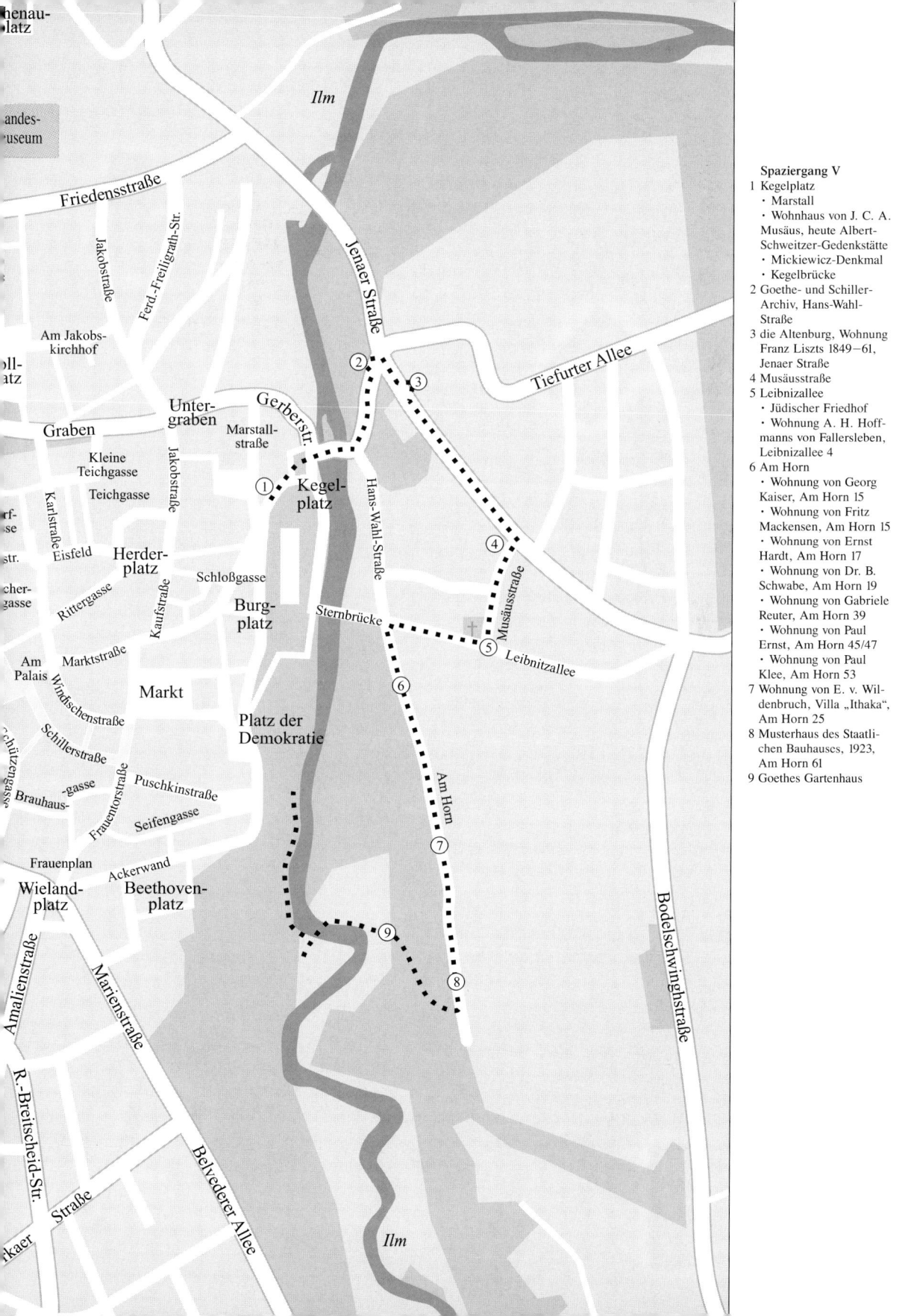

Spaziergang V

1 Kegelplatz
  · Marstall
  · Wohnhaus von J. C. A. Musäus, heute Albert-Schweitzer-Gedenkstätte
  · Mickiewicz-Denkmal
  · Kegelbrücke
2 Goethe- und Schiller-Archiv, Hans-Wahl-Straße
3 die Altenburg, Wohnung Franz Liszts 1849–61, Jenaer Straße
4 Musäusstraße
5 Leibnizallee
  · Jüdischer Friedhof
  · Wohnung A. H. Hoffmanns von Fallersleben, Leibnizallee 4
6 Am Horn
  · Wohnung von Georg Kaiser, Am Horn 15
  · Wohnung von Fritz Mackensen, Am Horn 15
  · Wohnung von Ernst Hardt, Am Horn 17
  · Wohnung von Dr. B. Schwabe, Am Horn 19
  · Wohnung von Gabriele Reuter, Am Horn 39
  · Wohnung von Paul Ernst, Am Horn 45/47
  · Wohnung von Paul Klee, Am Horn 53
7 Wohnung von E. v. Wildenbruch, Villa „Ithaka", Am Horn 25
8 Musterhaus des Staatlichen Bauhauses, 1923, Am Horn 61
9 Goethes Gartenhaus

Spaziergang VI: Schlösser und Parks an der Peripherie

Schloß Belvedere — Schloß Tiefurt — Musentempel — Schloß Ettersburg

Gegenüber-
liegende Seite:
Das Kavaliershaus
mit dem Türmchen
flankiert Schloß Bel-
vedere. Der Brunnen
gibt von der Schön-
heit des großen Parks
hinter dem Barock-
schloß einen Vor-
geschmack. Die Lage
auf der Höhe über
der Stadt und einem
anderen Tale verleiht
Schloß und Park
besonderen Reiz.

Die Belvederer Allee, Verlängerung der Marienstraße, führt hinauf zu Schloß und Park. Im Haus Nr. 8 war die letzte Wohnung des Malers Friedrich Preller (1804—1878). Das junge Talent war auf Goethes Fürsprache hin von Carl August mit Stipendien gefördert worden, was ihm einen Studienaufenthalt in Antwerpen und eine Reise nach Italien ermöglichte. Goethe widmete seiner Entwicklung viel Aufmerksamkeit, vor Antritt der Italienreise sparte er nicht mit guten Ratschlägen für den Zweiundzwanzigjährigen und meinte nachher zu Eckermann: „Ich bin gewiß, daß Prellern einst das Ernste, Großartige, vielleicht auch das Wilde ganz vortrefflich gelingen wird. Ob er aber im Heiteren, Anmutigen und Lieblichen gleich glücklich sein werde, ist eine andere Frage, und deshalb habe ich ihm Claude Lorrain ganz besonders ans Herz gelegt…"
Angesichts der Bilder Prellers, die man in den Kunstsammlungen sieht, zwei sind auch im Liszt-Haus zu sehen, muß man dem Alten recht geben. Es sind Ideen-Darstellungen, idealisierte Landschaften, die etwas Heroisches ausdrücken. Der Fünfzigjährige äußerte sich in einem Brief: „Der Künstler muß jedem Unbefangenen mehr oder minder aufgeregt vorkommen, da er es, ohne es selbst zu empfinden, in Wirklichkeit ist. Wie viele menschliche Beschäftigungen gibt es denn im Leben, wenn ich Wissenschaft und die Künste ausnehme…, die mit einer erhöhten Seelenstimmung betrieben werden müssen? Gewiß nur die eine oder andere. Der Standpunkt des Künstlers im Leben ist also ein ganz anderer."
1834 wurde Preller Direktor der Freien Zeichen-Schule, in nachklassischer Zeit war er mit Liszt und Hoffmann von Fallersleben befreundet. Mit der „Weimarer Malerschule" verband ihn nichts.
Die Belvederer Allee 58 wird das „Haus hohe Pappeln" genannt. Henry van de Velde baute es 1907/08 für sich, und es wurde, wie die Wohnung von Harry Graf Kessler, ein Zentrum des geistigen Lebens in einem neuen Weimar. Helene von Nostiz bemerkte: „Etwas von dieser Weltluft, die bei aller Bescheidenheit Goethe und die Fürsten seiner Zeit umgab und Weimar diesen eigenen Zauber verleiht, der die dumpfige Enge der Kleinstadt nicht aufkommen läßt, weht auch in den Bauten und Räumen, die van de Velde geschaffen hat."
Auf dem Höhenrücken Eichenleite oberhalb der Stadt liegen *Schloß und Park Belvedere*. Der baufreudige Herzog Ernst August beauftragte 1724 die Architekten Johann Adolf Richter und Heinrich Krohne mit dem Ent-

wurf und der Bauausführung des Schlößchens, das in seiner barocken Gestalt erhalten ist. Der Mitteltrakt mit dem Türmchen, die angeschmiegten Pavillons mit ihren Spitzkuppeln drücken bei aller Schlichtheit die sinnenfreudige Heiterkeit des Barock aus. Die Kavaliershäuser flankieren den Vorhof wie eine artige Einladung ins Schloß. Dieses wurde 1925 Rokokomuseum. Ursprünglich umgab ein radial angelegter kleiner Park die Bauten, die durch eine Mauer von der Außenwelt abgeschirmt waren. Zur Anlage gehörte schon damals die Orangerie mit Gärtnerwohnhaus; bemerkenswert die heute noch funktionsfähige Heizung, die auch bei strengem Winter die eingestellten Palmen und andere exotische Gewächse vor Frostschäden bewahrte. In einem Teil der Orangerie ist jetzt eine Sammlung historischer Kutschen zu besichtigen.

Auch hier sorgten Goethe und Carl August für Verbesserung und Verschönerung. Zuerst ließ man die Mauern niederlegen und bezog so die Landschaft ein; die gezirkelte Gartenanlage wurde in einen Park im englischen Stil umgestaltet und bis ins Tal des Possenbaches erweitert. Seit 1806 bemühte sich zunehmend Maria Pawlowna um die neue Gestalt des Parks, sie holte den bekannten Experten Hermann Fürst von Pückler-Muskau (1785–1871) heran. Es entstanden eine Künstliche Ruine, ein Gelehrtenplatz mit den Büsten Goethes, Schillers, Herders und Wielands, dazu ein Heckentheater für Konzerte und Theateraufführungen. Nach dem Vorbild von Pawlowsk ließ sie den Russischen Garten anlegen, später einen Irrgarten, wie man sie in fast allen Parks aus dieser Zeit findet. Der Rote Turm wurde an die Orangerie angebaut. Stein für Stein wurde er aus dem Garten des Wittumspalais abgetragen und hierher gebracht, inklusive der Wand- und Deckenmalerei von Adam Friedrich Oeser, die dieser bereits 1776 für Anna Amalia geschaffen hatte. In diesem Turm waren eine botanische Sammlung und die zugehörige Bibliothek untergebracht, ein bevorzugter Treffpunkt der Botaniker.

Die günstige klimatische und landschaftliche Lage, die schönen Ausblicke ins Land und auf die Stadt sowie der sacht in den Wald übergehende Park lockten nicht nur den Hof. Christiane Goethe weilte mit ihrer Gesellschafterin Caroline Ulrich (der späteren Frau Riemer) und der Schauspielerin Engels häufig dort. Goethes Gedicht „Die Lustigen von Weimar" erzählt davon. Christiane konnte sich bei der Pflege ihres Hausgartens auf die sachverständige Hilfe des Hofgärtners von Belvedere verlassen. Eckermann notierte am 19. Oktober 1831: „Heute war zu Belvedere die Versammlung der Gesellschaft zur Beförderung des Ackerbaues, auch erste

Ausstellung von Früchten und Gegenständen der Industrie, welche reicher war, als man erwartet hatte. Darauf großes Diner der anwesenden Mitglieder. Goethe trat herein, zu freudiger Überraschung aller Anwesenden. Er verweilte einige Zeit und betrachtete sodann die ausgestellten Gegenstände mit sichtbarem Interesse."

In den Kavaliershäusern unterhielt der französische Emigrant Jean Joseph Mounier von 1795 bis 1799 eine Erziehungsanstalt für Söhne aus wohlhabenden Häusern. Goethe und Schiller hielten Distanz zu dem Mann, dessen Grundeinstellung zu Natur und Leben ihnen allzusehr von Rationalismus geprägt schien.

Der „Hortus Belvedereanus" war damals ein berühmter botanischer Garten in Europa. Vier Jahre nach Goethes Tod tagten in Belvedere Naturwissenschaftler, vor denen Alexander von Humboldt einen Vortrag hielt. Die Künstler der „Weimarer Malerschule" feierten hier ihre Feste, unter ihnen der junge Max Liebermann. Aber erst durch Harry Graf Kessler und Henry van de Velde wurde Belvedere erneut zu einer Stätte geistiger Begegnung. Van de Velde erinnert sich in seiner Autobiografie, daß Hugo von Hofmannsthal von der Vorstellung von Goethes Gegenwart und dem Gedanken an einen neuen dichterischen Aufbruch ganz ergriffen war. Der Aufenthalt im Heckentheater gab ihm Inspiration, und die Hoffnung auf Teilnahme an einem neuen Weimar beflügelte ihn.

Oskar Schlemmer, Bauhaus-Meister, bezog 1921 im Turmhaus der Kavaliershäuser eine Wohnung mit Atelier. Bis 1925 arbeitete er hier.

1947 bis 1953 nahm eine Schauspielschule, das „Deutsche Theaterinstitut", in den Kavaliershäusern Quartier. Damals wurde auch das kleine Bühnenhaus eingerichtet, das später zu verfallen drohte. Lehrer und Studenten der Hochschule für Musik setzten sich in den letzten Jahren engagiert ein, um das kleine Theater zu retten. In den Kavaliershäusern wohnen und lernen heute Schüler der „Spezialschule für Musik", die der Franz-Liszt-Hochschule angegliedert ist.

Schloß und Park Tiefurt erreicht man auf einer Straße durchs Webicht, die Tiefurter Allee. Die Nr. 8, mit ihren großzügigen Bauten und Gartenanlagen, ist das Marie-Seebach-Stift, ein Altersheim für Theaterleute. Marie Seebach (1829–1897) war eine gefeierte Schauspielerin und gehörte zum Kreis um Liszt auf der Altenburg, sie gründete diese Stiftung.

Die Nr. 4 bewohnte die Familie von Nostiz. Das Haus war vor dem Ersten Weltkrieg einer der beliebtesten Treffpunkte der geistigen Elite. Rainer Maria Rilke, Hugo von Hofmannsthal, Richard Dehmel, Ernst Hardt,

Folgende Doppelseite: Die Orangerie, zum Schloß Belvedere gehörig, stammt aus dem 18. Jahrhundert. Seit damals überwintern hier exotische Gewächse. Hinzugekommen ist eine sehenswerte Sammlung von Kutschen und anderen Fahrzeugen.

Ludwig von Hofmann, Henry van de Velde, Graf Kessler und Nachbarn aus dem Seebach-Stift versammelten sich hier. Helene von Nostiz in ihren Memoiren: „Wie gerne ging auch Rilke hier auf und ab . . . Ich sehe uns dort langsam auf der Tiefurter Allee wandern, wo die liebliche Landschaft so beglückend hereinschaut, und dann weiter nach Tiefurt gehen. Auf der Höhe sähe man die Eisenbahnen wie Spielzeuge durch die Kornfelder fahren, meinte Rilke. Die sanfte Beschaulichkeit ließ uns viel sinnen . . .“

Schloß Tiefurt war ursprünglich nichts weiter als die Wohnung des Kammergutpächters. 1775 ließ Anna Amalia das bescheidene Landhaus für ihren zweiten Sohn, Prinz Constantin, und dessen Erzieher Karl Ludwig von Knebel ausbauen. Erst 1781 bezog sie es selbst, verbrachte hier mit Vorliebe den Sommer und scharte den „Musenhof" um sich. Möglichst frei von steifer Hofetikette wollte sie leben. Die Räume des Schlosses vermitteln einen Eindruck davon, sie sind schlicht und zugleich höchst geschmackvoll gestaltet. Rokoko, Klassizismus und Biedermeier gehen eine Einheit ein; Gemälde von Georg Melchior Kraus und Adam Friedrich Oeser, Plastiken von Gottlieb Martin Klauer vermitteln die Zeit Anna Amalias. Im Kaminzimmer, dem Pendant zum Tafelrundenzimmer im Wittumspalais, traf sich so ziemlich derselbe Kreis wie dort. Man gab drei Jahre lang eine handgeschriebene Zeitschrift heraus, das „Journal von Tiefurt". Im August 1781 wurde es angekündigt: „Es ist eine Gesellschaft von Gelehrten, Künstlern, Poeten und Staatsleuten, beyderley Geschlechts, zusammengetreten, und hat sich vorgenommen alles was Politick, Witz, Talente und Verstand, in unsern dermalen so merkwürdigen Zeiten, hervorbringen, in einer periodischen Schrift den Augen eines sich selbst gewählten Publikums vorzulegen."

Wer zu den auserwählten Lesern gehören wollte, mußte entweder einen Beitrag liefern oder ein Goldstück zahlen. Zu den Autoren zählten neben Goethe Carl August, Wieland, Herder, Knebel, Einsiedel, Seckendorff und andere. Goethes Gedichte „Das Göttliche" und „Auf Miedings Tod" wurden in dieser Wochenschrift zum ersten Mal veröffentlicht. Die Hofdame von Göchhausen schrieb vermutlich in Tiefurt den „Urfaust" heimlich ab; erst 1887 wurde diese Abschrift vom Direktor des Goethe-und-Schiller-Archivs entdeckt.

In den ersten Jahren, die Goethe in Weimar verbrachte, soll Tiefurt auch Schauplatz manch derber Späße und harmloser Spielereien gewesen sein. Es ist überliefert, daß Goethe und Carl August die Zimmertür der abwesenden Göchhausen zumauerten und tapezierten und sich köstlich amüsierten, als die Heimkehrende verstört nach ihrer Bleibe suchte.

Der Park wurde zuerst von Karl Ludwig von Knebel als englischer Landschaftspark angelegt, Anna Amalia führte die Arbeit weiter. Im 19. Jahrhundert beteiligte sich Fürst Pückler-Muskau an der Wiederherstellung und Ausgestaltung. Auf einem Stein am Parkeingang sind die bis heute gültigen Worte des Dessauer Poeten und Theatermannes Friedrich von Matthisson (1761—1831) zu lesen:

Hier wohnt Stille des Herzens, goldene Bilder
Steigen aus der Gewässer klarem Dunkel.
Hörbar waltet am Quell der leise Fittich
Segnender Geister.

Den Reiz dieses Parks macht vor allem die Lage in einem großen Ilmbogen aus, über dem sich ein ziemlich steiler Hang rundet, während Schloß und unmittelbare Umgebung fast eben liegen. Selbstverständlich findet man die unerläßlichen Grotten, Tempelchen, Gedenksteine etc., doch sind einige Besonderheiten darunter. An der Berglehne Vergils Grotte, etwas unterhalb ein Trauermal für den Bruder Carl Augusts, Prinz Constantin, der fünfunddreißigjährig im Krieg gegen Frankreich den Tod fand. Dann Wielands Lieblingsplatz mit der Büste, die Johann Gottfried Schadow von ihm modellierte, und ein Denkmal für den Herzog Leopold von Braunschweig, der 1785 in der Oder ertrank, als er versuchte, bedrohte Menschen zu retten. Das erste Denkmal, das Mozart in Deutschland gestiftet wurde, steht hier; es trägt die Inschrift „Mozart und den Musen". Anna Amalia ließ ihrem Seelsorger und Vertrauten Johann Gottfried Herder einen Gedenkstein setzen; und schließlich erblickt man den *Musentempel*, der 1803 mit Bezug auf die Jahre, die Tiefurt Höhepunkte geistig-künstlerischen Lebens brachten, errichtet wurde. Ionische Säulen stehen im Rund um Polyhymnia, Muse des Tanzes und der Musik. Nahe dem Tempelchen der Ort, wo Freilichtaufführungen stattfanden, zum Beispiel von Goethes Singspiel „Die Fischerin" im Juli 1782. Brennende Holzstöße und Fackeln gaben der Naturkulisse etwas Theatralisches, das Gemälde von Georg Melchior Kraus gibt es anschaulich wieder. Die Hauptrolle, das Dortchen, spielte die große Corona Schröter (1751—1802). Das Stück eröffnete sie mit dem Lied „Der Erlkönig", eine Adaption aus Herders Sammlung von Volksliedern. Goethe entschuldigte sich für den losen Umgang mit geisti-

Folgende Doppelseite: Schloß Tiefurt war das Haus des Kammergutpächters, ehe es Sommerresidenz Anna Amalias wurde. Der Park erfuhr durch sie, mit Goethes Beistand, eine sehr schöne Ausgestaltung. Im Ilmbogen sah die Hofgesellschaft bei Tageslicht und beim Scheine von Feuern und Fackeln Theateraufführungen.

141

gem Eigentum bei Caroline Herder: „Dies kleine Stück gehört, so klein es ist,/ Zur Helfte dein, wie du bey'm ersten Blik/ Erkennen wirst, gehört euch beyden zu,/ die Ihr schon lang für eines geltet. Drum/ Verzeih' wenn ich so kühn und ohngefragt,/ Und noch dazu vielleicht nicht ganz geschikt,/ Was er dem Volke nahm dem Volk zurük/ gegeben habe . . .“ Herder fühlte sich dennoch Goethe entfremdet − nicht nur wegen der unfreiwilligen Leihgabe.

Die Schröter hatte dieses Lied vertont, ihr Gesang und Spiel fanden großen Beifall. Zwei Jahre nach der Aufführung wurde zu ihrem Gedenken der Stein Amor als Nachtigallen„fütterer“ gesetzt, darauf Goethes Huldigungsworte: „Dich hat Amor gewiß, o Sängerin, fütternd erzogen . . .“ Entworfen hat die kleine Plastik Adam Friedrich Oeser, ausgeführt wurde sie von Gottlieb Martin Klauer.

So ernsthaft die Parkgestaltung betrieben wurde, der emsige Mitgestalter Goethe war durchaus fähig, sich darüber lustig zu machen, getreu dem Motto „Wer sich nicht selbst zum besten haben kann, der ist gewiß nicht von den Besten“. In seiner Posse „Triumph der Empfindsamkeit“ läßt er den Parkanleger Pluto sagen:

Denn, Notabene! in einem Park
Muß alles Ideal sein,
Und, Salva Venia, jeden Quark
Wickeln wir in eine schöne Schal' ein.
So verstecken wir zum Exempel
Einen Schweinestall hinter einem Tempel; . . .

Diese Verse entstanden, Notabene! als mit der Gestaltung des Parks an der Ilm begonnen wurde.

Nach dem Tod Anna Amalias wurde es stiller in Tiefurt. Erst mit Liszt kam wieder geistig-künstlerische Regsamkeit an diesen Ort, wenn auch nicht in Schloß und Park, sondern in die kleine Dorfkirche. Dort waltete Alexander Wilhelm Gottschalg (1827−1908), den er seinen „legendarischen Cantor in Tieffurth“ nannte. Liszt spielte gelegentlich diese Orgel. Der Kirchenbau geht bis ins 13. Jahrhundert zurück, die Kirche wurde als Christophorus-Kirche 1981 neu geweiht.

Erst um die Jahrhundertwende zog wieder kreativer Geist in Schloß und Park ein, der Kreis um Graf Kessler und van de Velde. Helene von Nostiz erinnert sich: „In dem Tiefurter Park fielen die ersten Worte von Hofmannsthal und Kessler über den ‚Rosenkavalier' . . . Einige Bewegungen und Szenen zeichneten sich schon ab . . . Bei der glänzenden Premiere in einer Loge des Dresdner Opernhauses . . . stieg der Frühlingsmorgen im Tiefurter Park vor mir auf, das kleine Schloß mit seiner verstaubten Eleganz, und ich hörte das Zwitschern der Vögel, das leise Murmeln der Ilm, an deren Ufer die Gestalten des Rosenkavalier und des Baron Ochs von Lerchenau zum ersten Mal vor uns erschienen waren."

Kanzler von Müller wollte 1825 im Gespräch mit Goethe Näheres über das Tiefurter Leben zu Anna Amalias Zeiten erfahren. „Es wäre nicht allzuschwer", erwiderte er, „man dürfte nur die Zustände ganz getreu so schildern, wie sie sich dem poetischen Auge damals darstellten; Dichtung und Wahrheit, ohne daß *Erdichtung* dabei wäre."

Nördlich von Weimar beherrscht der Ettersberg die Landschaft. Das Wort Buchenwald, das eigentlich angenehme Assozationen wecken sollte, erlangte durch das ehemalige KZ dort einen schrecklichen Doppelsinn. Und diesem Schreckensort benachbart, nur durch eine Waldung geschieden, sind *Schloß und Park Ettersburg.*

Im Mittelalter befand sich auf dem Areal des heutigen Schlosses ein Augustiner-Chorherrenstift, von burgartigen Befestigungen umgeben. Als Folge der Reformation verließen die Augustiner das Stift. Erst 1706 bis 1712 ließ Herzog Wilhelm Ernst dort ein Jagdschloß bauen, wobei die Kirche des ehemaligen Stifts in das dreiflügelige Bauwerk, das zum Tal hin offen blieb, einbezogen wurde. In den Jahren 1713 bis 1736 fand die Anlage auf der Talseite ihren Abschluß durch das neue Barockschloß, das von Baumeister Johann Heinrich Krohne errichtet wurde, der auch Belvedere baute. In Thüringen war er einer der besten Barock-Architekten.

Ettersburg wurde vor allem in den ersten Jahren, die Goethe in Weimar lebte, zum Schauplatz heiterer Geselligkeit. Auch hier war Anna Amalia die große Förderin kulturellen Lebens. Zwischen 1776 und 1781 bevorzugte sie dieses Schloß, erst danach wandte sie sich Tiefurt zu. Im Theatersaal des Schlosses wie auch auf der Naturbühne arrangierte Goethe Aufführungen des Amateurtheaters. Wenn man die Freilichtbühne nicht mehr findet, so liegt es wohl daran, daß man sich darunter keine perfekte Anlage vorstellen darf, es wurde fast alles improvisiert. So kam hier die Prosafassung der „Iphigenie" zur Aufführung, der die eher harmlos scheinenden kleinen Stücke folgten: „Die Mitschuldigen", die „Laune des Verliebten", „Das Jahrmarktsfest zu Plunderweilern" und „Die Vögel". Aber der Schein trügt, fast alle Texte waren gespickt mit Anspielungen auf Zeit-

genossen und Zeitereignisse, die wir heute kaum mehr verstehen können. „Die Vögel", eine Adaption der Komödie des Aristophanes, ließen Charlotte von Stein leicht die Nase rümpfen: Die Hauptfigur stellt sich gleich als der „große Hosenkackerling" vor. Friedrich Gottlieb Klopstock wird verspottet, Kritiker kriegen ihr Fett: „Sie führen ein Gekreische und Gekrächze und Gekrakse und können, wie ein schimpfendes altes Weib, gar von dem Orte nicht kommen, wo man sie ärgert." Es fehlt auch nicht der deutliche Hinweis auf die Not des Volks, die Wanderer suchen „. . . eine Stadt, wo die Regenten fühlen, wie es dem Volk, wie es einem armen Teufel zumute ist". Wieland schrieb Merck, das „seltsame Ding" habe bei der Vorstellung in Ettersburg einen „gar possierlichen Effekt gemacht". Johann Georg Haman (1730−1788) rief nach der Lektüre des Textes begeistert aus: „Er sticht mir wie Funken über den ganzen Leib . . . Das ist ein vortrefflicher Mensch! Ich hoffe, ich werde ihn doch noch einmahl sehen! Ich habe seine Werke nicht pränumerieren (vorbestellen) können, sie waren zu theuer; Aber ich nehme sie ihm weg; er muß sie mir geben. Das ist ein Kerl!"

Als Schiller in der engen Wohnung in der Windischenstraße keine Ruhe fand, seine „Maria Stuart" zu vollenden, brachte ein Aufenthalt in Ettersburg die Rettung. Die Zeit drängte, man probte schon, aber der fünfte Akt war noch nicht zu Papier gebracht. Im Obergeschoß des neuen Barockschlosses saß er und schrieb. Zwischendurch fuhr er nach Weimar, um an einer Leseprobe teilzunehmen. Danach begab er sich sogleich wieder nach Ettersburg, und so kamen denn die Schauspieler zu ihm hinauf. Das war im Mai 1800, schon am 14. Juni wurde das Stück im Hoftheater uraufgeführt.

Wie in Belvedere wirkte auch hier in nachklassischer Zeit Maria Pawlowna auf die weitere Gestaltung vor allem des Parks ein. Und auch hier ist die Hand von Fürst Pückler-Muskau sichtbar, er brachte die Harmonie von Schloß und Park zur Vollendung. Wenn man den Weißen Saal im neuen Barockschloß betritt, hat man unfehlbar den Eindruck, die Landschaft gehöre zum Raum. Am gegenüberliegenden Hang, dem Pücklerschlag, hat man ein schönes Beispiel der gestalterischen Prinzipien dieses eigenartigen Künstlers.

Die Anhöhe, auf die man durch die Saalfenster oder von der Schloßterrasse blickt, wird der „Brunfthof" genannt, als Erinnerung an die Funktion der Gesamtanlage als Jagdschloß. Im Mittelalter befand sich dort oben eine Fliehburg, 1733 wurde ein Turm errichtet, umgeben von Einrichtun-

Gegenüberliegende Seite: Der Musentempel im Park zu Tiefurt, inmitten zierlich angelegter Blumenbeete, ist Polyhymnia gewidmet, der Muse des Tanzes und der Musik. Kaum eine Parkidylle in Deutschland atmet so nachhaltig die Luft eines wahren Musenhofes wie diese, deren Zauber der Besucher nicht so leicht vergessen wird.

gen für die Jagd. Das Turmschlößchen wurde schon nach fünfzehn Jahren abgebrochen. Noch immer laufen auf der Höhe einige der radial angelegten Schneisen zusammen, die lange vor der Parkgestaltung in den Forst geschlagen wurden, um dem Hof die Jagd bequemer zu machen. Die Verbindung von Forst und Park, die Fürst Pückler und sein Schüler Eduard Petzold schufen, hat diesem Umweltfrevel ein Ende gesetzt. Wie in Belvedere wurden auch hier exotische Gewächse gepflanzt, freilich nur solche, die im Freien überwintern können, eine Orangerie gibt es nicht. Im wertvollen Baumbestand findet man Pyramideneichen, Tulpenbäume, Großblattmagnolien und andere Seltenheiten.

Eine der noch vorhandenen Radialschneisen führt gerade auf das Haupttor des ehemaligen Konzentrations- und späteren Internierungslagers zu. Zweimal geschah dort furchtbares Unrecht, 1937 bis 1945 und 1945 bis 1950. Im nazistischen KZ starben von 1937 bis 1945 56 000 Menschen aus 32 Nationen, Widerstandskämpfer oder Opfer des Rassenwahns; kühl geplante Vernichtung durch Arbeit und sadistische Morde geschahen gleichermaßen. Hier gelang den Häftlingen die Selbstbefreiung, bevor die US-Army da war. Im Sommer 1945 sperrte die sowjetische Besatzungsmacht schuldige Nazis und solche, die dafür gehalten wurden, ohne Gerichtsverfahren in eben dieses Lager — wieder starben Unschuldige.

Großherzog Karl Alexander sammelte in Ettersburg gern den Kreis der Künstler um sich, mit dem Franz Liszt verbunden war. Liszt war es vermutlich, der den modernen Ausbau der Kirche beeinflußte und die Anregung gab, eine Kassettendecke einzubauen, die, ähnlich wie die im Konzertsaal auf der Wartburg, die Akustik wesentlich verbesserte.

Die Kirche, als Teil der Schloßanlage, wurde 1863/65 in neugotischer Architektur auf den Resten der alten gotischen Stiftskirche errichtet. Elemente des alten Chorraums sind einbezogen. Ein dreiflügeliger Marienaltar vom Ausgang des 15. Jahrhunderts und eine Alabasterkanzel aus dem 16. Jahrhundert sind besondere Schmuckstücke dieses Gotteshauses. Im 19. Jahrhundert wurde eine Orgel des berühmten Instrumentenbauers Peternell eingebaut.

Nachdem der letzte Großherzog abgedankt hatte, verfielen Schloß und Park. Von 1923 bis 1944 unterhielt der Reformpädagoge Hermann Lietz hier ein Landerziehungsheim; einer der Zöglinge war Wernher von Braun. Nach 1945 nutzte das Ministerium für Justiz der DDR das Schloß als Schulungsheim. Von 1962 bis 1979 diente es als Altersheim. Die „Nationalen Forschungs- und Gedenkstätten der deutschen Klassik" erhielten zwar Finanzmittel, um dem Verfall zu begegnen, die Kommandowirtschaft gab jedoch keine Baukapazität frei. Der Ruin war unausweichlich. Im März 1990 wurde in der Schloßkirche ein „Kuratorium Schloß Ettersburg" gegründet, um das schöne Schloß zu restaurieren und zu einer internationalen Kultur- und Bildungsstätte zu machen. Hoffnungsvoll setzen wir deshalb an den Schluß dieses Kapitels, was Goethe über Ettersburg sagte: „Wir wollen künftig öfter hierherkommen... Man verschrumpft im engen Häusermeer. Hier fühlt man sich groß und frei, wie die große Natur, die man vor Augen hat, und wie man eigentlich immer sein sollte."

Folgende Doppelseite: Schloß Ettersburg wurde vom Großvater Carl Augusts vom Chorherrenstift zum Jagdschloß umgestaltet. Kirche, Schloß und Park haben ihren eigenen Reiz unter Weimars Bauten und Anlagen. Hier ist Räumlichkeit einbezogen in den Zauber der Natur.

Weimar-Information
Marktstr. 4, PSF 647, Tel. 21 73, Telex
61 89 34, Telefax 0 03 76 21 6 12 40
geöffnet Mo. 10.00−18.00 Uhr, Di.−Fr.
9.00−18.00 Uhr, Sa. 8.30−13.00 Uhr
Auskünfte, Stadtführungen, Karten f. Ver-
anstaltungen, Zimmer-Vermittlung
Marktstr. 1, Tel. 53 84
Bibliotheken und Archive
· Goethe- und Schiller-Archiv,
Hans-Wahl-Str. 4, Tel. 33 33
für Benutzer: Mo.−Fr. 8.30−16.00 Uhr
· Bibliothek der deutschen Klassik, Platz
der Demokratie 1, Tel. 35 52
Lesesaal: Mo.−Fr. 9.00−12.30 u.
14.00−18.00 Uhr. Ausleihe: Mo.−Fr.
11.00−12.30 u. 15.00−17.30 Uhr,
Sa. 11.−12.30 Uhr
· Staatsarchiv, Marstallstr. 2, Tel. 39 33
geöffnet Mo.−Fr. 8.00−16.00
· Stadtarchiv, Markt 1, Tel 7 22 26,
Mo.−Fr. 7.00−16.00 Uhr
· Institut f. Volksmusikforschung,
Mozartstr. 11, Tel. 52 41
· Öffentliche wissenschaftliche Fach-
bibliothek der Hochschule für Architektur
und Bauwesen, Karl-Marx-Platz 2,
Tel. 73 72 13
Museen und Sammlungen
· Goethehaus am Frauenplan,
Tel. 6 20 41 , geöffnet 9.00−16.00 Uhr
außer Mo.
· Goethes Gartenhaus im Park,
geöffnet 9.00−12.00, 13.00−16.00 Uhr
· Schillerhaus, Schillerstraße,
Tel. 6 20 41, geöffnet 9.00−16.00 Uhr,
außer Di.
· Wittumspalais mit Wielandmuseum,
Eingang Am Palais 3,
geöffnet 9.00−12.00, 13.00−16.00 Uhr,
Mo. und Di. geschlossen
· Liszt-Haus, Marienstr, geöffnet
9.00−13.00, 14.00−16.00 Uhr, außer Mo.
· Römisches Haus im Park,
geöffnet 9.00−12.00, 13.00−16.00 Uhr,
Mo. und Di. geschlossen
· Kirms-Krackow-Haus mit Herdermu-
seum, Jakobstr. 10, z. Zt. wegen Rekon-
struktion geschlossen
· Kunstsammlungen zu Weimar,
Schloßmuseum, Galerie im Schloß, Burg-
platz 4, Tel. 6 18 31, geöffnet 9.00−13.00,
14.00−17.00 Uhr, außer Mo.

· Kunsthalle am Theaterplatz,
geöffnet 10.00−13.00, 14.00−18.00 Uhr,
außer Mo.
· Museum für Ur- und Frühgeschichte
Thüringens, Amalienstr. 6, Tel. 33 24,
geöffnet Di.−Fr. 8.00−17.00 Uhr, Sa. u.
So. 10.00−13.00, 14.00−17.00 Uhr,
Mo. geschlossen
· Galerie im Cranachhaus, geöffnet
Mo.−Fr. 10.00−17.00 Uhr,
Sa. u. So. geschlossen
· Kabinett am Goetheplatz,
geöffnet 9.00−13.00 Uhr, 14.00−17.00 Uhr,
Fr. u. Sa. geschlossen
· Stadtkirche St. Peter und Paul (Herder-
kirche) mit Cranach-Altar, Herderplatz,
Tel. 23 28, geöffnet Mo.−Fr. 14.00−1700
Uhr, telefon. Gruppenanmeldung
· Nationale Mahn- und Gedenkstätte
Buchenwald, Tel. 6 74 81, geöffnet
8.45−16.30 Uhr, Mo. geschlossen
· Albert-Schweitzer-Gedenkstätte,
Kegelplatz 4, Tel. 27 39,
Di.−Fr. 9.00−12.00, 13.00−16.00 Uhr.
So. u. Mo. geschlossen
· Deutsches Bienenmuseum,
Ilmstr. 5, Tel. 6 10 32, noch in Rekon-
struktion. Es finden Veranstaltungen statt.
Deutsches Nationaltheater
Telefonservice tägl. 8.00−17.00 Uhr, Tel.
75 53 21, Theaterkasse Tel. 75 53 33,
Kasse geöffnet Di.−Fr. 10.00−13.00,
16.00−18.00 Uhr; Sa. 10.00−12.00,
15.00−18.00; So. 10.00−12.30 Uhr

A C C Autonomes Cultur Centrum
am Burgplatz 1, in Gemeinschaft mit
Galerie Schwamm, Liebknechtstr. 14,
und dem C-Keller, Markt 21, geöffnet
Di., Mi., Do. 16.00−19.00 Uhr, Sa. u.
So. 10.00−19.00 Uhr

152

Autorenkollektiv, Geschichte der Stadt Weimar, Weimar 1975

Bechstein, Karl, Häuser und Gärten in Alt-Weimar, Weimar 1938

Beyer/Creiner-Mai, Weimar, Berlin u. Weimar 1989

Biedenfeld, Ferdinand Freiherr v., Weimar. Ein Führer für Fremde u. Einheimische, Weimar 1841

Böcklin-Memoiren, Herausgg. v. F. Runkel, Berlin 1910

Bode, Wilhelm, Damals in Weimar, Weimar 1910

Bode, Wilhelm, Das Leben in Alt-Weimar, Weimar 1917

Bode, Wilhelm, Goethe in vertraulichen Briefen seiner Zeitgenossen, Berlin und Weimar 1979

Briefwechsel des Großherzogs Carl August mit Goethe, herausgg. v. H. Wahl, Berlin 1915/18

Briefwechsel Goethe—Schiller, Leipzig 1984

Briefwechsel Goethe—Zelter, Leipzig 1913—1918

Briefwechsel Großherzog Karl Alexander — Franz Liszt, herausgg. v. P. Raabe, Leipzig 1909

Bürger, Gottfried August, zitiert nach Bode, Goethe in . . .

Didier/Hecht, Das Herder-Museum im Kirms-Krackow-Haus, Weimar 1982

Dolgner, Dr., Schloß Weimar, Weimar 1983

Eckermann, J. P., Gespräche mit Goethe, Berlin u. Weimar 1982

Eckhardt, D. u. Seifert, J., Schloß Tiefurt, Weimar 1983

Ehrlich, Willi, Das Wittumspalais in Weimar, Weimar 1988

Ehrlich, Willi, Das Goethehaus in Weimar, Weimar 1989

Fink, Fritz, Alt-Weimar, Weimar 1932

Freiligrath, F., Ein Dichterleben in Briefen, Lahr 1882

Friedenthal, R., Goethe, München 1963

Genast, E., Aus dem Tagebuch eines Schauspielers, Leipzig 1866

Golz/Gothe, Das Schillermuseum in Weimer, Weimar 1989

Goethe, J. W. v., Werke. Sophienausgabe, Weimar 1887—1919

Gottschalg, A. W., Franz Liszt in Weimar, Berlin 1910

Gräbner, K., Die Großherzogliche Haupt- u. Residenzstadt Weimar, Erfurt 1930

Grimm, W., Goethe-Vorlesungen an der Kgl. Universität zu Berlin, Berlin 1877

Hahn, K.-H., Goethe in Weimar, Leipzig 1986

Handrick, W., Das Liszt-Haus in Weimar, Weimar 1984

Hecker, J., Die Altenburg, Weimar 1957

Hebbel, F., Sämtliche Werke, Bd. 6, Berlin 1906

Hoffmann von Fallersleben, A. H., Mein Leben, Bd. 6, Hannover 1868

v. Hofmannsthal — Graf Kessler, Briefwechsel 1898—1929, Frankfurt/M. 1968

Huschke, W., Musik im klassischen und nachklassischen Weimar, Weimar 1982

Jericke/Dolgner, Der Klassizismus in der Baugeschichte Weimars, Weimar 1975

Jung, H. R., Johann Sebastian Bach in Weimar, Weimar 1985

Kafka, F., Gesammelte Werke, Tagebücher 1910—1913, Hrg. M. Brod, Frankf./M. 1954

Kaminiarz, I., Hoffmann von Fallersleben in Weimar, Weimar 1988

Kandinsky, Nina, Kandinsky und ich, München 1976

Klee, P., Briefe an die Familie, Bd. 2, Köln 1979

Klauss, J., Alltag im klassischen Weimar, Weimar 1990

Köhler, K.-H., Erschallet ihr Lieder, erklingt ihr Saiten, Weimar 1985

Kühn, P., Frauen um Goethe, Leipzig 1911

Kühnlenz, F., Weimar, Leipzig 1979

Mann, Th., Lotte in Weimar, Berlin u. Weimar Frankfurt/M. 1960

Marggraf, W., Franz Liszt in Weimar, Weimar 1985

Meßner, P., Bauten und Denkmale in Weimar, Weimar 1984

Michel, Goethe, sein Leben in Bildern und Texten, Frankfurt/M. 1982

Müller, E., Martin Luther und Weimar, Weimar 1983

Müller, Fr. v., Unterhaltungen mit Goethe, Weimar 1982

Nostiz, H. v., Aus dem alten Europa, Leipzig 1925

153

Pretzsch/Hecht, Das alte Weimar, Weimar 1975

Raabe, P., Spaziergänge durch Goethes Weimar, Zürich 1990

Ranft, G., Historische Grabstätten aus Weimars klassischer Zeit, Weimar 1988

Redslob, E., Von Weimar nach Europa, Berlin 1972

Riemer, F. W., Mitteilungen über Goethe, Leipzig 1921

Schädlich, Chr., Bauhaus Weimar 1919–1925, Weimar 1989

Scheidig, W., Geschichte der Weimarer Malerschule 1860–1900, Weimar 1921

Schiller, Fr., Werke, Leipzig 1912

Schlemmer, O., Idealist der Form, Leipzig 1990

Schmidt, E., Jüdische Familien im Weimar der Klassik und Nachklassik und ihr Friedhof, Weimar 1984

Schorn, A. v., Das nachklassische Weimar, Weimar 1911/12

Schreyer, L., Erinnerungen an Sturm und Bauhaus, München 1956

Seifert, S., Weimar, Weimar 1988

Thomas, K., J. N. Hummel in Weimar, Weimar 1987

Wahl, V., Jena als Kunststadt, Leipzig 1988

Weniger, E., Goethe und die Generale, Leipzig 1942